# TRANSFORMAÇÃO DIGITAL DESMISTIFICADA

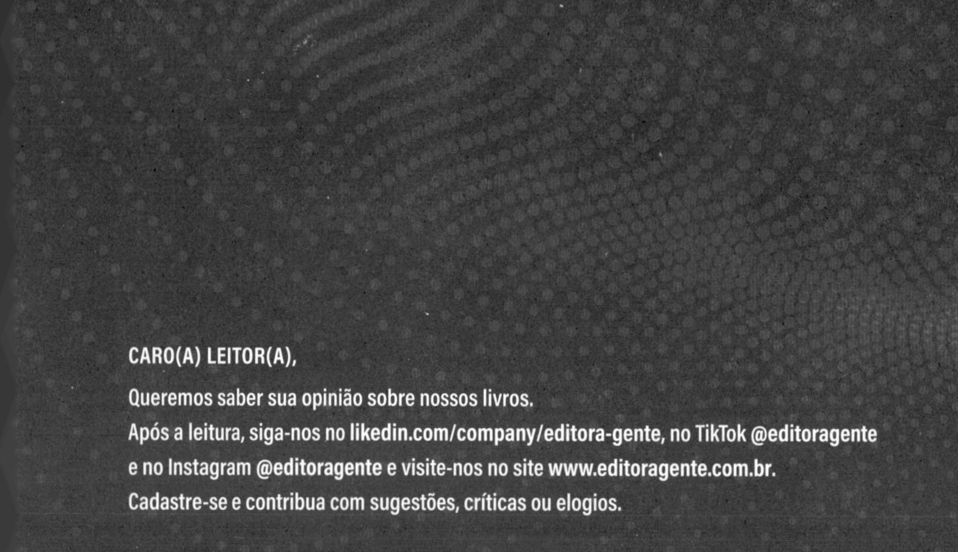

**CARO(A) LEITOR(A),**

Queremos saber sua opinião sobre nossos livros.
Após a leitura, siga-nos no **likedin.com/company/editora-gente**, no TikTok **@editoragente**
e no Instagram **@editoragente** e visite-nos no site **www.editoragente.com.br**.
Cadastre-se e contribua com sugestões, críticas ou elogios.

THIAGO CASERTA

# TRANSFORMAÇÃO DIGITAL DESMISTIFICADA

Gente
editora

**Diretora**
Rosely Boschini

**Gerente Editorial Sênior**
Rosângela de Araujo Pinheiro Barbosa

**Editora**
Audrya de Oliveira

**Assistente Editorial**
Mariá Moritz Tomazoni

**Produção Gráfica**
Fábio Esteves

**Preparação**
Thiago Fraga

**Capa, Projeto Gráfico e Diagramação**
Plinio Ricca

**Revisão**
Andréa Bruno e Giulia Molina

**Impressão**
Bartira


Rua Natingui, 379 – Vila Madalena
São Paulo, SP – CEP 05443-000
Telefone: (11) 3670-2500
Site: www.editoragente.com.br
E-mail: gente@editoragente.com.br

Dados Internacionais de Catalogação na Publicação (CIP)
Angélica Ilacqua CRB-8/7057

Caserta, Thiago
Transformação digital desmistificada : como as revoluções digitais já mudaram o jogo, e como jogá-lo enquanto ainda é tempo / Thiago Caserta. - São Paulo : Autoridade, 2023.
192 p.

ISBN 978-65-88523-78-0

1. Desenvolvimento profissional 2. Negócios 3. Tecnologia I. Título

23-3807 CDD 658.3

Índice para catálogo sistemático:
1. Desenvolvimento profissional

# NOTA DA PUBLISHER

Neste livro, Thiago Caserta, compartilha conosco como a sua atuação no mundo tecnológico o levou a compreender como a transformação tecnológica é, ao mesmo tempo, uma realidade no mercado e um obstáculo nas empresas. Afinal, por mais que a tecnologia seja necessária, os líderes e a equipe se encontram despreparados para implementá-la de maneira inteligente, produtiva e rotineira na corporação.

Diante desse cenário, Thiago ensina que a transformação digital não se trata apenas de tecnologia, mas sim de encontrar novas maneiras de solucionar problemas existentes, e ilustra como grandes empresas usaram a tecnologia para às demandas dos consumidores e transformar seus hábitos, além de abordar o conceito de rede de clientes, que destaca como a opinião dos consumidores influencia as empresas e a necessidade de inovar no atendimento do novo cenário do e-commerce.

Ele também apresenta os quatro objetivos da transformação digital e os seis pilares estratégicos para ingressar nesse processo de transformação digital de vez, e busca democratizar o acesso às informações e promover uma compreensão ampla do universo digital e da inovação tecnológica, tornando o tema acessível para todas as pessoas, mesmo aquelas que não possuem formação em tecnologia.

Convido, então, você, leitor, a embarcar nesta leitura de referência fundamental para entender e aplicar os conceitos de transformação digital e inovação tecnológica em suas atividades profissionais, pois você tem em mãos uma valiosa ferramenta para enfrentar os desafios do mundo digital e, assim, prosperar no ambiente de negócios em constante transformação.

Boa leitura,

**Rosely Boschini**

CEO e Publisher da Editora Gente

*Dedico este livro ao meu pai, que me ensinou tudo o que sei e a quem faço questão de deixar um pedacinho de legado no mundo por meio deste livro.*

# AGRA DECI MEN TOS

Ter um filho, escrever um livro e plantar uma árvore. Algumas pessoas dizem que talvez, após realizar esses três feitos, a vida comece a ter algum sentido. Quando comecei a escrever este livro, eu ainda não tinha minha filha, a Luísa, que nasceu em uma linda tarde de fevereiro de 2023. Também não me lembrava da única experiência que tive quando plantei uma árvore com a minha turma da pré-escola, em um passeio no bosque de Campinas. Mas de uma coisa sempre tive certeza: eu já tinha claro o sentido da vida.

É interessante como as pessoas, muitas vezes, enganam-se sobre o que é de fato importante. Nenhuma dessas três coisas que citei podem efetivamente dar significado à vida: o livro pode não ser lido, o filho não será uma cópia exata de você e a árvore talvez seja derrubada por alguém. O verdadeiro sentido está no legado.

Quem me ensinou isso foi meu herói, o Paulo, meu pai, que deixou um legado que dificilmente será apagado. Ele era uma pessoa fiel, alegre, determinada, feliz. Sempre foi muito dedicado a cuidar dos outros, da família e de quem mais precisasse de ajuda. Meu pai era sistemático, mas isso, na verdade, despertava outras qualidades nele: era organizado, pontual, um homem de palavra.

Ele amava muito a minha mãe e os filhos. Tanto eu quanto a minha irmã. E, depois que crescemos e construímos a nossa vida, esse amor se estendeu para seus netinhos queridos. "O amor do vovozão", como dizia sua primeira neta.

Esse homem incrível faleceu em abril de 2022, dois meses antes de eu iniciar este projeto, e esse acontecimento foi o verdadeiro propulsor para que eu tirasse a ideia do papel. Ele me ensinou muitas coisas: a amar a Deus acima de tudo (e esse foi o maior legado que ele deixou); que seu passado não determina quem você será no futuro; a sempre colocar a família em primeiro lugar; e que o trabalho dignifica o homem. Ensinou-me a ser diligente e a cumprir com as minhas responsabilidades; a ser manso, humilde e generoso; e me mostrou que uma pessoa boa é reconhecida em qualquer lugar.

Entre outras coisas, com ele aprendi a torcer pelo Guarani. Afinal, ele viu de perto o título brasileiro de 1978. Meu pai também me ensinou a fazer nó na gravata – e descansou com um nó que fiz para ele. Aprendi a enfrentar os problemas de frente, a ser determinado e que é melhor ganhar um coração do que uma discussão.

Ensinou-me a ser forte até o fim, mas também que, às vezes, precisamos deixar as coisas nas mãos de Deus. E foi assim que ele terminou a vida neste mundo, ensinando muito mais coisas do que poderia imaginar.

Ele tinha muito orgulho de mim e da minha irmã, porém mal sabia que nós é quem tínhamos muito mais orgulho dele. Dizem que seu legado fica nos seus filhos, já que eles perpetuam a sua marca no mundo mesmo você não estando mais aqui. Por isso, também dedico este livro à minha filha, Luísa. Espero poder impactar a vida dela como meu pai impactou a minha. Se eu conseguir ser apenas uma parte do homem que ele foi, sei que ela terá muito orgulho de me chamar de pai.

Também não poderia deixar de agradecer à minha querida mãe, mulher forte, guerreira e presente, que me inspira em todos os sentidos e que sempre me apoiou e me deu bons conselhos.

Agradeço à minha melhor amiga e querida esposa, Bianca. Sem ela eu não seria metade do homem que sou hoje.

## AGRADECIMENTOS

É claro que nenhum livro é escrito sozinho. Todo o conhecimento que compartilho aqui é esforço de muitas pessoas e, por isso, quero agradecer aos diversos autores e autoridades que me influenciaram e continuam me influenciando ao longo da vida, muitos deles citados neste livro, além das pessoas que sonharam este projeto comigo.

# SUMÁRIO

INTRODUÇÃO........................................................ 18

CAPÍTULO 1:

TODOS ESTAMOS INSERIDOS NA TRANSFORMAÇÃO DIGITAL.......... 26

Cotidiano digital........................................................ 31

O que é transformação digital?........................................ 34

O ovo e a galinha: a tecnologia que muda nossos hábitos ou nossos hábitos que exigem uma evolução tecnológica?........................................ 36

O dilema do CEO: garantir o emprego atual ou transformar para que haja emprego no futuro?........................ 39

Os próximos dez anos não serão como os últimos dez........ 40

CAPÍTULO 2:

NOVA ECONOMIA DIGITAL.................... 46

Nativas digitais e startups.............................................. 49

Inovação e novos modelos de negócios............................ 53

Marketing digital e o conceito de rede de clientes................ 58

Evolução dos hábitos humanos (comunicação e consumo)61

CAPÍTULO 3:

RESISTÊNCIA AO NOVO........................... 66

Os bloqueios que você e sua empresa enfrentam.................. 69

A disrupção é necessária ............................................72

Transformação por vontade *versus* transformação por necessidade..............................................................77

Como você vê o futuro?................................................ 80

Evoluir é uma questão de sobrevivência ........................... 85

**CAPÍTULO 4:**

O FUTURO DAS EMPRESAS .................. 90

Empresas do futuro ........................................ 92

Tendências de consumo e o impacto no cenário empresarial do futuro ........................................ 96

Sustentabilidade, responsabilidade social e ESG .................. 107

Cultura e modelo de gestão das empresas do futuro ........... 119

**CAPÍTULO 5:**

MUDANÇAS NO PLANEJAMENTO E NA ATITUDE ........................ 126

Mindset voltado para a nova economia ........................ 129

Ferramentas básicas para compreender o contexto de sua empresa ........................................ 132

Como introduzir o tema em uma organização ........................ 136

Como usufruir da transformação digital como consumidor ........................................ 139

Novas oportunidades para seu negócio e sua vida ............... 142

**CAPÍTULO 6:**

ALICERCES PARA A TRANSFORMAÇÃO DIGITAL ................ 150

Os 4 objetivos da transformação digital ........................ 151

Os 6 pilares estratégicos da transformação digital ........ 158

**CAPÍTULO 7:**
MATURIDADE DIGITAL E A EVOLUÇÃO COMO MEIO ........................ 172
Aceleração digital ........................ 174
Evolução tecnológica como meio ........................ 176
Kumulus e Microsoft ........................ 177

**CAPÍTULO 8:**
DESMISTIFICAR O QUE É A TRANSFORMAÇÃO DIGITAL .................. 184

RECOMENDAÇÕ DE LEITURA ............. 188

**“Se você não sabe para onde está indo, qualquer caminho serve.”**

Lewis Carroll

# INTRODUÇÃO

Ganhei meu primeiro computador quando tinha aproximadamente 10 anos e, desde então, cultivei um amor muito grande por tecnologia. Sei que a maioria das pessoas dessa área carrega o estigma de ser nerd, introspectiva e até pouco sociável, mas a verdade é que eu sempre fui o oposto disso. Desde pequeno, eu tinha certeza de que queria trabalhar com tecnologia e, por isso, já na adolescência, optei por estudar em colégio técnico. Eu não queria ter de esperar até a faculdade para colocar a mão na massa e fui me aprofundar no assunto.

Essa curiosidade me levou a estagiar muito cedo e a trabalhar como desenvolvedor de software logo no começo de carreira. No início da faculdade, comecei a trabalhar na IBM, uma das gigantes da tecnologia, e tenho orgulho em dizer que tive uma carreira meteórica depois disso. Hoje, olhando para trás, percebo que tudo isso aconteceu por conta da inquietação que eu sentia e de uma vontade constante de sempre pensar em soluções e caminhos que fugiam um pouco do tradicional. Alguns anos depois, eu estava dentro de uma das empresas líderes em inovação na área de tecnologia: a Microsoft, onde trabalhei durante seis anos, sendo três no Brasil e outros três nos Estados Unidos. Lá, atuei diretamente com o Azure, que é a linha de serviços em nuvem oferecida pela empresa.

Ainda que essa insaciedade tenha me levado longe, eu sentia certa limitação a respeito de até onde eu poderia ir dentro das organizações. Eu queria poder resolver problemas por mim mesmo e criar soluções que fizessem sentido para o mercado todo. Não demorou muito até que eu percebesse que a única maneira de conseguir isso seria empreendendo. Assim, em 2016, quando voltei da Microsoft dos Estados Unidos para o Brasil, decidi fundar uma empresa na área de tecnologia que focasse soluções de transformação digital e inovações que fizessem uso das mais diferentes e recentes tecnologias disponíveis para atender o mercado atual – que é, por sua vez, completamente diferente do mercado que víamos há pouco tempo, há sete ou oito anos, por exemplo.

Fundei a Kumulus, minha empresa/startup, e, apesar de já estar bem estabelecida, contar com mais de duzentos colaboradores e ter clientes renomados como Itaú, Claro e Stone, ela continua sendo uma startup porque está atrelada a um mercado bastante imprevisível e que busca soluções escaláveis, e é isso o que nós fazemos.

Você deve estar se perguntando aonde quero chegar com tudo isso, e eu explico: depois de anos atuando nesse setor, percebo que muita gente tem um conceito completamente errado sobre o que é inovação, e o que quero trazer neste livro é uma visão humana e "terrestre" sobre o assunto, sem viajar completamente no conceito.

Meu objetivo é "aterrissar" os conceitos de inovação e de transformação digital para que qualquer pessoa ou organização deixe de acreditar que se trata de algo complexo e inalcançável. Aliás, se você procurar pela missão da Kumulus, verá que nosso objetivo é transformar organizações por meio do poder da nuvem e dos dados, duas tecnologias sobre as quais falaremos bastante neste livro e que serão nossos alicerces para entender como fazer essa transformação.

Sinto que minha participação ativa em guiar e orientar diversas empresas em seus processos de transformação digital ajudou-me a ter a bagagem necessária para falar sobre o que dá certo, o que não dá, e, principalmente, a desmistificar alguns conceitos.

**A tecnologia é o meio para que a transformação aconteça.**

Quando disse que eu não era o típico nerd é porque sempre tive muita facilidade em transitar entre as vendas e a tecnologia.

Ser apaixonado pelo assunto me faz conseguir transformar esse tema complexo em algo simples para qualquer pessoa. E é isso que proponho aqui. O que verdadeiramente é a transformação digital? Muitas pessoas pensam que a transformação é a tecnologia em si, e não é isso. A tecnologia é o meio para que a transformação aconteça. Quer um exemplo?

Em minhas palestras, quando falo sobre transformação digital, sempre começo com a seguinte pergunta: por quanto tempo você teria paciência, hoje, para esperar por um táxi? Se você refrescar a memória, perceberá que há poucos anos esperávamos um tempo considerável para isso ou, até mesmo, fazíamos reservas com certa antecedência para não nos atrasarmos para algum compromisso. Outra pergunta que costumo fazer é: você se sentiria satisfeito tendo quantas opções de delivery no fim de semana? Pedir pizza sempre na mesma pizzaria é uma opção?

Hoje temos centenas de possibilidades na palma das mãos e ainda assim ficamos irritados e com a sensação de que não há opção alguma, apesar das centenas de alternativas oferecidas pelos aplicativos de entrega de comida. Isso é normal porque estamos falando de mudanças de hábitos. E mais que isso, mudanças de hábitos promovidas pela transformação digital. Apesar da tecnologia ter alavancado esse cenário, é importante perceber que ela foi apenas um meio para atender demandas existentes: a necessidade de ampliar o leque de opções de delivery e a urgência em conseguir uma corrida de táxi.

No fim do dia, o termo "inovação" é bastante autoexplicativo. Inovar é, basicamente, encontrar *novas* maneiras de solucionar um problema que já existe. É claro que o que o iFood e a Uber fizeram pode ser caracterizado inovação, mas é simplesmente uma atualização do acúmulo de panfletos das pizzarias do bairro e a modernização do telefone da cooperativa de táxi, percebe?

Atualmente, muito se fala sobre transformação digital de maneira inacessível, por isso quero democratizar o acesso a essa discussão, difundindo informações que a tornem acessível e prática. Além disso, as pessoas de áreas distintas da tecnologia sentem muita dificuldade em compreender o conceito. Quando ouvem a expressão "transformação digital", pensam logo que é um bicho de sete cabeças. O que vou trazer aqui é uma maneira simplificada para que todos tenham a capacidade de bater um papo sobre o assunto e compreender os impactos disso no nosso dia a dia e nas possibilidades de negócios.

David L. Rogers, autor do livro *Transformação digital*,[1] é referência no assunto e, entre diversos temas que explora, acho relevante prestar atenção no que ele diz sobre como o perfil de cliente mudou em pouco tempo. Antigamente, as vendas eram feitas de maneira transacional, ou seja, eu comprava um produto – sem precisar de muito convencimento –, testava, descobria que era péssimo e fazia o que com ele? Muito provavelmente o esquecia em alguma gaveta e não falava mais a respeito dele. Hoje em dia, se eu compro um produto e não gosto por qualquer motivo, posso falar sobre isso nas redes sociais ou em sites dedicados a reclamações. A partir disso, passa-se a olhar para os consumidores como uma rede de clientes, e a venda deixa de ser transacional.

---

1 ROGERS, D. L. **Transformação digital**: repensando o seu negócio para a era digital. São Paulo: Autêntica Business, 2017.

O conceito de rede de clientes é interessante porque, a partir dele, percebemos que as pessoas se autoinfluenciam: por exemplo, não dependemos mais apenas de uma propaganda no ônibus ou na televisão. E é por isso que o marketing digital está tão em alta e é explorado cada vez mais. O conceito de influenciador é real porque nos espelhamos em pessoas reais que respeitamos, admiramos e nas quais confiamos para que nos digam se um produto é mesmo bom ou ruim.

Isso impacta no dia a dia das empresas, porque a partir disso elas precisam inovar o modo como lidam com os clientes para, assim, impulsionar uma transformação digital para cumprir, por exemplo, os seguintes objetivos: implementar e oferecer um bom e-commerce, um bom atendimento por meio de canais digitais, estratégias de comunicação por e-mail marketing. Mas a transformação em si está no mindset, na maneira de enxergar, e não na tecnologia. Se você não enxerga o cliente como uma rede e continua tratando as vendas como operações transacionais, com certeza está fadado ao fracasso. E lembre-se: empresas só têm três destinos finais: ou são vendidas, ou são herdadas, ou decretam falência.

Para ajudar você nessa transformação, mostrarei quais são os 4 objetivos da transformação digital e quais são os 6 pilares estratégicos para entrar de cabeça nesse processo!

Nas próximas páginas vou explicar como chegamos até o cenário atual, quais são as perspectivas para o futuro e como você pode dominar os conceitos da transformação e inovação digital, seja para aproveitá-los em seus negócios, seja para não se sentir inseguro para falar sobre isso em uma conversa de bar. Está pronto?

Inovar é encontrar novas maneiras de solucionar um problema que já existe.

CAPÍTULO

1

# TODOS ESTAMOS INSERIDOS NA TRANSFORMAÇÃO DIGITAL

Ao longo da história, diversas revoluções aconteceram. A partir delas, novas tecnologias ou novos modos de percepção de mundo impactaram os sistemas econômicos, as classes sociais e as estruturas políticas. Revoluções não são planejadas, mas são inevitáveis e, em geral, impulsionam diretamente a evolução tecnológica.

Na Primeira Revolução Industrial, teares mecânicos e produções mecanizadas alimentadas pela energia produzida por máquinas a vapor nos levaram ao surgimento das primeiras fábricas. Estas, por sua vez, fizeram com que as pessoas começassem a mudar o próprio mindset em relação ao trabalho. Afinal, o que antes era produzido manualmente passou a ser feito de forma tecnológica, e isso provocou impacto direto nos hábitos de trabalho.

Assim, quero trazer a sua atenção para o fato de que as evoluções tecnológicas afetam diretamente o nosso estilo de vida. Se antes da Revolução Industrial trabalhadores produziam um tecido, cortavam e costuravam uma peça de roupa de maneira manual, depois dela as máquinas ocuparam os espaços de atividades humanas para produzir um vestido ou uma camisa em menos tempo.

Por que isso é relevante? Porque a Revolução Industrial mudou a percepção das pessoas sobre todo o processo. Naquela época, para os empresários, por exemplo, foi necessário repensar o modelo de gestão, tornando-os responsáveis por articular racionalmente a produção e por assumir o controle do processo de trabalho. Já para os trabalhadores, a criação de pequenos núcleos e atividades segmentadas fez com que a visão geral do processo, muitas vezes, fosse perdida.

Tamanha segmentação contribuiu para que algumas pessoas ficassem praticamente alienadas quanto ao propósito do trabalho em si. Isso, inclusive, é uma herança da Primeira Revolução Industrial que até hoje presenciamos muito nas empresas. Tenho certeza de que você conhece alguém que trabalha todos os dias repetindo alguma tarefa, sem estar consciente por completo do porquê ou de como esse trabalho impacta diretamente a empresa na qual atua.

Quando surgiu a Segunda Revolução Industrial, o que vimos foi uma estruturação maior das linhas de montagem e da padronização dos processos produtivos. Foi nessa fase que a tecnologia começou a estar mais presente na indústria, inclusive por conta da descoberta da eletricidade.

Esse avanço tecnológico impactou diretamente algumas características pertencentes às estruturas sociais: o acúmulo de capital, o crescimento econômico e o fortalecimento político, por exemplo. A partir de então, o mundo passou a ser mais capitalista, aumentando o número de empreendedores e de pessoas capazes de criar verdadeiras fortunas.

A Terceira Revolução Industrial iniciou-se nos anos 1950[2] e ficou conhecida como a revolução dos computadores ou revolução digital. Adiante, com a entrada do que a gente chama de computação pessoal, as pessoas começaram a ter acesso a computadores. Em 1990, com a difusão dos computadores, a internet também se popularizou.

---

**2** TERCEIRA REVOLUÇÃO INDUSTRIAL. **Mundo Educação**. Disponível em: https://mundoeducacao.uol.com.br/geografia/terceira-revolucao-industrial.htm. Acesso em: 23 jun. 2023.

A partir da revolução digital, as linhas de produção – que foram diretamente impactadas pela rede elétrica, pelos meios de transporte e pelos materiais – tiveram a possibilidade de melhorar a contabilidade, a produtividade de equipamentos e o controle de informações. Mais que isso, impactou de maneira direta o cotidiano e o estilo de vida das pessoas.

Pode parecer que isso aconteceu há muito tempo, mas nossa geração não está tão distante dessas mudanças. Lembro perfeitamente, por exemplo, quando meu pai deixou de escrever cartas e começou a usar fax. Lembro com mais clareza ainda quando ele passou a usar mais o telefone e a enviar e-mails todos os dias para se comunicar e para tratar de assuntos de trabalho.

Então, se a evolução tecnológica afeta de modo direto os nossos hábitos, em que momento disso estamos hoje? Pode-se dizer que estamos na Quarta Revolução Industrial. E que agora fazemos o físico e o virtual cooperarem e coexistirem, ou seja, não há uma segmentação tão evidente como no passado.

Hoje, além do uso para a comunicação, utilizamos a internet para compartilhar momentos da vida e, a partir de novas dinâmicas, conseguimos criar muitos modelos digitais de negócios.

Se estamos falando de nanotecnologia, de genética ou de computação quântica com tanto alcance, é graças à globalização digital. Faço questão de trazer todo esse contexto histórico porque, quando observamos e temos uma visão mais ampla sobre como tudo aconteceu, vemos que é possível estarmos atentos às mudanças e que as novas plataformas foram responsáveis pela criação de novos mercados.

Em contrapartida, as revoluções industriais e tecnológicas também ocorrem por conta da mudança nos hábitos humanos e precisamos estar atentos para não perdermos oportunidades de negócios e de avanço por causa dessas mudanças.

Quer um exemplo? Vamos lá: chamamos de economia compartilhada o sistema econômico no qual bens ou serviços podem ser divididos. Talvez você esteja se perguntando "Como assim, Thiago?". Eu explico: em pleno século XXI, há pessoas que não têm tanto interesse de ter carro. Elas preferem alugar por um curto período, apenas para fazer uma viagem ou para ir a algum evento pontual. Quem vive nos grandes centros, como São Paulo, Nova York ou São Francisco, não quer ter de se preocupar constantemente sobre onde estacionar ou onde deixar o carro, por exemplo.

Esse modelo econômico também é facilmente percebido no consumo de músicas. Há quanto tempo você não compra um CD e prefere pagar por uma assinatura de streaming que permite ouvir quantas músicas e/ou artistas quiser? Essa economia sob demanda e compartilhada cria novos hábitos de consumo, dos quais não conseguimos fugir. Assim, quero que você perceba que todos nós estamos inseridos na transformação digital e nesse novo modelo de sociedade.

Na Primeira Revolução Industrial, os trabalhadores passaram a enxergar o próprio trabalho como uma pequena parte de um processo gigantesco; hoje, na Quarta Revolução Industrial, somos uma pequena parte de novos hábitos de mercado que envolvem muita velocidade, imediatismo e conectividade.

Nas próximas páginas, minha intenção é desmistificar o termo "transformação digital" para que você perceba que já é parte disso e que não é preciso temer as mudanças que estão por vir, mas que deve estar preparado para elas, tanto em sua vida pessoal como na vida de sua organização.

## COTIDIANO DIGITAL

Imagine o seguinte cenário: antes de dormir você avisa sua assistente pessoal digital – a Alexa, por exemplo – que ela precisa programar seu despertador para as 7 horas da manhã do dia seguinte. Assim que você acorda, ela lhe deseja um bom-dia, fala a previsão do tempo e começa a tocar o seu podcast favorito, conforme programado.

Você entra no banho, escova os dentes e, logo após tomar o café da manhã, agenda uma corrida por algum aplicativo para que você saia de casa e chegue ao seu primeiro destino do dia para uma reunião. Depois da reunião, você percebe que não vai conseguir sair para almoçar e pega o celular para pedir alguma coisa rápida. Pelo aplicativo, além de ter acesso a todo o cardápio, você consegue verificar antecipadamente se o frete é grátis, qual será a forma de pagamento, a gorjeta e o tempo médio para a comida chegar até você.

Enquanto espera a refeição chegar, responde a alguns e-mails e acessa as redes sociais para acompanhar as postagens de amigos, familiares e até mesmo de marcas, jornais ou revistas que lhe interessam ou com as quais tem afinidade.

No fim do dia, para voltar para casa, um colega oferece uma carona, mas nenhum de vocês sabe muito bem qual é o melhor caminho com menos trânsito nesse horário. Há alguns anos, isso poderia ser um problema, mas hoje vocês dois têm aplicativos diferentes para comparar as melhores alternativas e não dependem apenas de GPS. Os aplicativos – cada vez mais completos – possibilitam interações entre os usuários que fornecem informações e complementam os dados do mapa, informando possíveis acidentes ou lentidão no tráfego.

Ainda dentro do carro, utilizando a assistente pessoal digital, você liga o ar-condicionado de casa para que o clima esteja agradável quando chegar e programa o robô aspirador para iniciar uma rápida faxina. Ao chegar, aproveita para pagar algumas contas pelo aplicativo do banco e, em seguida, liga sua smart TV para decidir qual dos diversos apps de streaming vai escolher para ver um filme ou uma série enquanto prepara o jantar.

Antes de deitar, faz uma videochamada com o(a) parceiro(a) ou os amigos e aproveitam para falar sobre as férias e combinam de pesquisar hospedagens no Airbnb.

Talvez essa rotina moderna possa parecer exagerada se você ainda não é adepto das facilidades da transformação digital, mas garanto que existem pessoas que estão habituadas a usar muitas outras ferramentas digitais em um único dia. A partir desses exemplos, você consegue perceber com mais clareza como a Quarta Revolução Industrial tem impacto direto na sociedade e nos nossos hábitos diários?

Além disso, se nos aprofundarmos ainda mais nos exemplos desse tipo de rotina, veremos que, para além dos impactos nos hábitos, há impactos na economia, nos novos negócios, nas novas possibilidades de trabalho e de remuneração. O motorista de Uber, por exemplo, pode ser um advogado temporariamente desempregado ou uma pessoa que não tem um emprego formal, mas que dirige muito bem. O que importa aqui é você perceber que um emprego foi gerado a partir da transformação digital. E que, no caso do Airbnb, o aluguel de casas para temporada também gera receita para os proprietários e para a plataforma.

**Precisamos estar atentos para não perdermos oportunidades de negócios e de avanço por causa da falta da implementação de tecnologia.**

A cada dia, temos milhares de interações como essas e cada vez mais as pessoas querem estar conectadas. Essa nova sociedade, na qual tudo é feito de maneira interativa, é resultado da transformação digital e de estarmos conectados quase 100% do tempo.

## O QUE É TRANSFORMAÇÃO DIGITAL?

Tenho a sensação de que o termo foi tão exaurido nos últimos tempos que acabou esvaziando o seu real significado. Vejo, inclusive, o pavor no rosto de executivos quando falo em transformação digital porque, talvez, não estão tão familiarizados com o assunto ou imaginam que seja algo muito complicado. Então, antes de seguir adiante nesta leitura, quero deixar bem claro do que se trata a transformação digital.

Ela acontece quando as organizações e as pessoas passam a enxergar a necessidade de fazer parte de um alinhamento de serviços ou de produtos por meio da tecnologia. Ou seja, a transformação digital não se trata do desenvolvimento de alguma tecnologia em si; ela acontece quando determinada tecnologia é usada como meio para que uma evolução aconteça.

Um exemplo bastante claro disso é a maneira como a maioria de nós ouve música. Hoje, grande parte das pessoas opta por aplicativos que ofertam música sob demanda em vez de comprar CDs ou vinis. Isso não quer dizer que não exista procura por esses produtos; na verdade, existe até uma demanda interessante por discos de vinil, porque a experiência analógica se tornou uma experiência diferente de entretenimento. No entanto, esse é um nicho específico que não concorre diretamente com o consumo de músicas sob demanda. Uma coisa é ter uma infinidade de escolhas para ouvir no trânsito, na academia ou na estrada; outra é parar para apreciar uma vitrola e um disco específico.

Quando você oferece um produto que não se conecta com o usuário ou que não atende a expectativa atual dos modelos sob demanda, isso pode fazer com que você perca imediatamente o mercado em que atua. E isso acontece porque a maior parte da sociedade modificou os seus hábitos, hoje afetados por essa evolução natural impulsionada pela tecnologia.

Transformação digital é basicamente isso. Para as pessoas, há a mudança no hábito e, para as empresas, é o processo pelo qual elas precisam passar para que consigam entregar produtos ou serviços de uma maneira que esteja alinhada com a sociedade atual – uma sociedade totalmente impactada pela revolução tecnológica.

Aqui, um aspecto importante quando pensamos nessa transformação digital dentro de uma empresa ou de uma organização é que ela pode parecer altamente complexa, mas, na prática, pode ser facilmente executada se os **4 objetivos da transformação digital** estiverem claros para quem deseja aplicá-los:

1. Transformar produtos;
2. Empoderar colaboradores;
3. Engajar melhor com clientes;
4. Otimizar operações.

Falaremos mais profundamente sobre esses objetivos mais adiante. Por enquanto, quero apenas que você compreenda que é inevitável passar por essa transformação e que não é preciso ter medo de encarar esse desafio. Afinal, todos nós temos passado por muitas evoluções tecnológicas nos últimos anos e nos adaptado a elas sem grandes dificuldades, mesmo que para alguns essa adaptação venha aos poucos.

Entretanto, se você é empresário ou executivo, deve começar a encarar que o futuro da sua empresa depende completamente disso, porque é preciso se encaixar na sociedade atual. Do contrário, o que pode acontecer naturalmente com o passar do tempo, caso você não participe de modo ativo da transformação digital, é sua organização ser esquecida.

Em alguns anos, é provável que quase ninguém vá pessoalmente a uma loja para comprar algo. As compras - ou pelo menos a maioria delas - serão feitas pela internet, e as lojas passarão, cada vez mais, a ser um ponto de experiência ou de testes de produtos.

Com base nesse cenário, quero que você encare os avanços tecnológicos como um grande aliado para as estratégias que pretende montar para os próximos anos do seu negócio. Compreender como se deu essa evolução tecnológica é fundamental para que você esteja preparado para não ficar para trás quando as próximas revoluções surgirem.

## O OVO E A GALINHA: A TECNOLOGIA QUE MUDA NOSSOS HÁBITOS OU NOSSOS HÁBITOS QUE EXIGEM UMA EVOLUÇÃO TECNOLÓGICA?

Anteriormente, procurei dar um contexto histórico do desenvolvimento da evolução tecnológica até os dias de hoje. Uma revolução nada mais é do que uma mudança radical dentro de uma sociedade.

Ao olharmos para a história e para todas as revoluções, podemos perceber dois motivos principais para que ocorressem: a criação ou descoberta de novas tecnologias e, ao mesmo tempo, a mudança de percepção que fez com que as mudanças fossem necessárias.

Por exemplo, quando o avião comercial foi criado e as pessoas começaram a viajar com mais facilidade e rapidez ou, até mesmo, migrar para outros países, foi necessário melhorar a qualidade e a velocidade da comunicação e da conexão entre as pessoas. As cartas não eram rápidas o suficiente para isso e, aos poucos, os telefones e a internet tornaram-se a solução.

Nesse cenário, enquanto o avião gerava uma mudança abrupta dos nossos hábitos, forçávamos a necessidade de que outras tecnologias – o telefone e a internet – surgissem como a transformação e a resposta para determinada demanda. É claro que, a partir disso, podemos avaliar que o telefone e a internet acabaram forçando outras transformações, mas minha intenção aqui é causar essa provocação que parece o dilema do ovo e da galinha: o que vem primeiro?

Sim, as revoluções aconteceram porque criamos novas tecnologias, mas a mudança de percepção de mundo é o que desencadeia novas mudanças tecnológicas. E essa consciência traz um universo de novas possibilidades para os negócios, já que, diariamente, podemos usar a criatividade para inovar e encontrar soluções criativas para diferentes demandas.

Um exemplo claro de como a criatividade e a inovação podem ser excelentes ferramentas a partir do uso de tecnologias é o sucesso da Amazon. A internet foi criada em 1969[3] com o principal objetivo de

---

**3** SILVA, L. W. Internet foi criada em 1969 com o nome de "Arpanet" nos EUA. **Folha de S.Paulo**, 15 ago. 2001. Disponível em: https://www1.folha.uol.com.br/folha/cotidiano/ult95u34809.shtml. Acesso em: 24 jun. 2023.

facilitar a comunicação do exército americano. Muitos anos depois, um empreendedor decidiu aproveitar essa ferramenta para vender livros on-line e, assim, a Amazon surgiu e mudou por completo a maneira como compramos livros. O mais interessante é que a própria Amazon se reinventou com o passar dos anos e expandiu seu marcado de atuação, tornando-se líder entre as plataformas de e-commerce.

Outro fator importante que podemos considerar é que o capitalismo acelerou consideravelmente esses processos por desencadear mudanças sistêmicas na sociedade, e não só na tecnologia. Afinal, todos os dias há uma competição acirrada no mercado nos impulsionando para a criação de novos negócios e novas soluções. Se você é empresário e pretende criar um novo negócio, terá de desenvolver determinado produto ou serviço para suprir certa demanda e, assim, lucrar. Tudo gira em torno do capital.

Eu sempre fui apaixonado por música - inclusive sou músico nas horas vagas, apesar de não trabalhar com isso diretamente -, mas lembro que quando era mais novo, quando comprava um CD de uma banda de que eu gostava, acabava ouvindo quatro ou cinco músicas e pulando diversas faixas que não tinham me agradado tanto assim. Com os mais recentes aplicativos de música por streaming isso não é mais um problema. Além disso, essa inovação se tornou uma oportunidade interessante de negócios para os músicos. Não é preciso mais preparar um álbum com doze ou catorze faixas para lançar novas composições. O lançamento de *singles* tem se tornado cada vez mais frequente e tem sido uma nova maneira de se fazer negócios dentro do cenário musical. Quantos artistas ficaram famosos com apenas uma única música? Dezenas nos últimos anos.

Há diversas possibilidades, basta que você esteja atento aos movimentos de evolução. Eu, por exemplo, sou da época em que a comunicação por mensagem de texto era feita via SMS. As operadoras de celular aplicavam um custo para cada mensagem enviada e era impossível desenvolver longas conversas como fazemos hoje. Fazer aquele textão ou uma declaração de amor por mensagem de texto podia custar bastante dinheiro.

Com o tempo, a democratização da internet e o surgimento de aplicativos como WhatsApp e Telegram – ou até mesmo MSN e Skype, que vieram antes deles – proporcionaram uma melhora significativa nas comunicações digitais, que passaram a ser mais baratas e instantâneas, além de trazer mudanças nos nossos hábitos de comunicação de modo geral.

Outra perspectiva interessante que podemos extrair dessa reflexão é: como ficam as relações humanas a partir dessas novas possibilidades? Às vezes penso que eu gostaria de ter sido um adolescente apaixonado desta época, porque seria muito mais fácil me comunicar. No entanto, era gostosa aquela ansiedade de esperar para encontrar a menina que estava paquerando e conversar presencialmente sobre assuntos variados.

Hoje, falamos tanto por meios digitais que, quando estamos com alguém presencialmente, temos a sensação de que falta assunto. É verdade que as pessoas estão cada vez mais conectadas e que a comunicação foi intensificada, mas será que a qualidade da comunicação é boa? Bom, isso é assunto para outro livro. Vamos voltar o foco para o mundo dos negócios.

## O DILEMA DO CEO: GARANTIR O EMPREGO ATUAL OU TRANSFORMAR PARA QUE HAJA EMPREGO NO FUTURO?

Você já se perguntou qual é a responsabilidade de um CEO ou de um alto executivo em uma organização?

Como falamos anteriormente, em um mundo capitalista o que se espera do mercado é que ele se torne cada vez mais competitivo – até por conta da quantidade de pessoas e empresas que disputam os espaços de determinado setor. E, pensando na velocidade dos progressos dos últimos anos, sabemos que a tendência é que isso só aumente, uma vez que o mercado está em constante evolução.

As vendas on-line, por exemplo, precisam de reavaliação constante. Se você pensar bem, há menos de cinco anos, as compras que fazíamos pela internet não eram concluídas com tanta facilidade nem chegavam tão rápido como chegam hoje. A pandemia de covid-19 certamente foi um fator de aceleração para que chegássemos no ponto em que estamos. Mas, mesmo que a humanidade não tivesse enfrentado essa doença, seria inevitável que essa evolução acontecesse em algum momento.

## OS PRÓXIMOS DEZ ANOS NÃO SERÃO COMO OS ÚLTIMOS DEZ

A competição para ser mais eficiente nas vendas e mais ágil nas entregas é algo que reflete diretamente na percepção do consumidor e isso tem impacto direto no faturamento. Ter a atenção voltada para isso é uma das responsabilidades do CEO. Afinal, se você pensar agora como pessoa física, e não como empresário ou executivo, tenho certeza de que alguma vez já optou comprar de determinada loja em vez de outra, ainda que o preço fosse mais alto, simplesmente porque a entrega seria mais rápida.

Usuários e clientes têm real percepção de valor dos serviços e podem avaliar se preferem comprar no Mercado Livre, porque sabem que a entrega é muito mais rápida, ou se preferem seguir com a compra no Magazine Luiza, porque podem parcelar o pagamento em doze vezes, por exemplo. E é nesses diferenciais que você precisa estar atento para se destacar.

Se você for incapaz de enxergar para onde o seu mercado está indo do ponto de vista dos hábitos de consumos das pessoas, é bem provável que perca o timing para migrar de uma plataforma para outra ou de colocar ou não o seu produto em determinado marketplace. Pergunte-se:

- Que parceiros podem acelerar minhas vendas?
- Vale a pena comercializar meu produto em um site próprio?
- Para onde meu público está migrando?
- Como posso me destacar perante meus concorrentes?

Essas perguntas se aplicam a quaisquer setores em que você estiver inserido e, se você for CEO, precisa refletir sobre elas. Esses questionamentos devem ser considerados até se você for dono de um pequeno negócio como uma floricultura de bairro, por exemplo. Se você atende apenas presencialmente a sua região, mas sabe que grande parte das pessoas agora compra flores on-line, e que as floriculturas que vendem em marketplaces têm uma maior gama de produtos disponíveis para que sejam entregues em datas especiais, é fundamental que você passe a imaginar caminhos para se transformar digitalmente. Como você pode melhorar as vendas? Você tem site? Atende pelo WhatsApp? Vale a pena pensar em uma parceria com o iFood, o Rappi ou outra plataforma que atende a sua região?

Quem não busca acompanhar a evolução digital corre sérios riscos de perder o próprio negócio. E isso vale para qualquer empresa, independentemente do tamanho ou do faturamento. Por isso, sempre reitero que a melhor hora de agir é agora. E que, na verdade, o melhor dia para começar foi ontem; o segundo melhor é hoje.

Creio que, neste ponto do livro, você já tenha compreendido que estamos em constante evolução e que é inevitável pensar na transformação digital. Agora, quero que você perceba que o ambiente digital é rico, mas que, se o CEO não tiver uma visão ajustada para os movimentos do mercado e para as mudanças nos hábitos de consumo, de nada adianta investir em tecnologia. É preciso compreender o que está por trás para definir o propósito de uma ação digital.

Uma dica interessante que costumo dar a quem quer começar a treinar o olhar para os novos modelos digitais de negócio é acompanhar o movimento de mercado e de startups que estão começando, justamente para ver quais problemas elas estão identificando no mercado e quais soluções estão sendo criadas - de repente, alguns deles podem ser os mesmos da sua organização.

O termo *corporate venture*, por exemplo, é utilizado para se referir ao empenho de determinada empresa para criar iniciativas empreendedoras. Estamos falando de empresas gigantes que criaram pequenas áreas ou investiram em startups ou até na aceleração delas, porque, muitas vezes, um colaborador foi capaz de enxergar uma mudança de hábito que resultou na solução de um problema. E algo se cria a partir daí: uma nova oportunidade de negócio.

Lembre-se de que justamente por conta da transformação digital hoje estamos na era da informação. A todo momento temos acesso, em tempo real, a uma quantidade imensa de novos dados – não apenas nas redes sociais, nos noticiários e na política mas também nos movimentos de mercado e nas mudanças de hábitos de consumo. Por isso reforço a importância de que sejamos rápidos o suficiente para entender e enxergar que amanhã pode ser tarde demais e que você pode ter perdido o mercado a ponto de não ter mais condições de fazer os investimentos necessários para corrigir esse curso.

O mundo tem oferecido competições assimétricas, ou seja, às vezes uma organização que está em um negócio completamente diferente da sua área de atuação pode estar resolvendo o mesmo problema que você resolve para o seu cliente.

Quer um exemplo disso? O iFood, quando começou, tinha como prioridade conectar restaurantes às pessoas interessadas em consumir as refeições desses lugares. Com o passar do tempo, a empresa ampliou as possibilidades de negócio quando percebeu que com uma rede gigante de contatos com restaurantes eles poderiam participar amplamente da cadeia e oferecer insumos para essas empresas, por exemplo, pratos e talheres descartáveis ou embalagens para os produtos.

Se, por um lado, o iFood gerou novos negócios e criou oportunidades para outras empresas que forneciam diretamente esses insumos, por outro, começou a dominar o mercado porque percebeu a possibilidade de ser o grande fornecedor desses produtos para os seus próprios clientes.

O CEO precisa tomar decisões difíceis que podem afetar o curto prazo em troca do longo prazo. Daí a importância de que ele esteja atento a todos os movimentos e possibilidades de negócios dentro do mercado. Às vezes, a maior competição não está no seu concorrente, e sim, justamente, em quem você considera um parceiro.

**A melhor hora de agir é agora. O melhor dia para começar foi ontem, o segundo melhor é hoje.**

# CAPÍTULO 2

# NOVA ECONOMIA DIGITAL

o primeiro capítulo, falamos sobre como as revoluções que tivemos ao longo da história foram impulsionadas pelos avanços tecnológicos. Essas mudanças fizeram com que uma nova economia fosse gerada: a economia digital.

Meu objetivo é deixar claro que, justamente por conta do surgimento de novas tecnologias, surgiram também as novas necessidades. Afinal, com mudanças drásticas de comportamento, as pessoas passam a ter novas vontades, conveniências, carências e necessidades.

Isso impulsiona uma nova lógica de mercado porque passamos a deixar de nos concentrar apenas em produtos e começamos a priorizar também os serviços e as experiências. O foco está nas pessoas e na resolução de problemas de maneira rápida e colaborativa. E esse é um dos grandes aspectos da economia digital.

Vamos tomar como exemplo os bancos digitais. Se você for mais velho, já deve ter precisado passar horas na fila de um banco para pagar contas ou para resolver alguma burocracia, por exemplo. Quando surgiram os bancos digitais, um dos focos era justamente desburocratizar ações que poderiam ser simplificadas. Eles conseguiram fazer isso ouvindo os clientes e se apoiando nas novas possibilidades tecnológicas.

Hoje, você não precisa perder tempo ao telefone tentando falar com alguém no banco e passando por um menu gigante de opções que, às vezes, o joga em um departamento que nada tem a ver com a sua necessidade. Os chats dos bancos digitais – com atendimento humano, e não chatbots – facilitaram muito a comunicação com as instituições bancárias. Além disso, funcionalidades – por exemplo, autorizar o cartão de crédito para uma viagem internacional por meio de um botão, em vez de precisar ligar na central para habilitar essa função - fizeram com que muitos de nós repensássemos as nossas relações com os grandes bancos.

E para os grandes bancos não foi diferente. Impulsionados por uma grande perda de clientes que migraram para as alternativas digitais, precisaram repensar toda a forma de atendimento e experiência, e alguns, inclusive, optaram por criar as próprias versões digitais.

Por isso, reforço que empresas preocupadas com a transformação digital são capazes de proporcionar melhores experiências com foco no que os clientes de fato buscam. E a nova economia é pautada justamente em incentivar essas novas experiências. A partir disso, as organizações olham para os problemas, as dificuldades, os bloqueios e os desafios do dia a dia e trazem soluções baseadas na tecnologia para lidar com essas questões.

É pensando em aperfeiçoar as experiências e vivências que surgem formatos inovadores de negócios. E esses negócios que despontam nessa nova era digital são conhecidos como organizações nativas digitais ou digitalmente nativas. Isso quer dizer que elas nasceram e cresceram em uma era digital - assim como as pessoas da geração Z.

Essas organizações não precisaram adaptar um modelo estrutural tradicional ou um legado, tanto em relação ao modelo de negócios quanto à maneira de entregar determinado serviço. Elas simplesmente nasceram na era digital e utilizam a tecnologia desde o início para se estabelecer e criar produtos ou modelos de negócio que fazem sentido para a era digital.

## NATIVAS DIGITAIS E STARTUPS

Enquanto as nativas digitais têm um pouco mais de facilidade em buscar e criar alternativas com ferramentas tecnológicas, as startups, que também procuram criar soluções digitais, apresentam algumas características um pouco diferentes, e é importante que você saiba qual é a diferença entre esses termos.

Muitas pessoas acreditam que o termo "startup" se refere a empresas que acabaram de abrir as portas ou de ser concebidas, ou que estão apenas começando no mundo dos negócios. Será que isso é verdade? O que realmente caracteriza uma startup?

As startups nascem a partir de ideias inovadoras que surgem para resolver determinado problema de maneira escalável e passível de repetição. Além disso, startups são criadas dentro do contexto de uma série de incertezas, já que seu modelo de negócio, geralmente, ainda não passou por testes e apresenta especificidades que precisam ser comprovadas. Tudo isso contribui para que as startups sejam empresas de alto risco, pois precisam garantir a própria sustentabilidade, ainda que não demostrem grandes resultados no início de suas operações.

A Netflix é um exemplo bastante emblemático de uma startup. Se você não sabe, a Blockbuster – antiga locadora de filmes – teve a oportunidade de comprar a Netflix e não o fez. O resultado dessa falta de visão estratégica é o que vemos hoje: a Netflix, cada vez mais forte, e a Blockbuster, apenas uma memória afetiva de nossos tempos de infância.

Com o advento da era digital, foi possível observar sérios problemas no modelo de negócio das locadoras de filmes. Por mais legal que a experiência fosse, muitas vezes o cliente, além de se deslocar, chegava à loja procurando um filme específico e descobria que ele estava indisponível ou porque ainda não tinha sido lançado em fita ou DVD, ou porque estava alugado. Os produtos mais procurados precisavam ter um estoque gigante e, poucos meses depois da alta procura, caíam em esquecimento, tendo em vista que a maioria das pessoas já os havia assistido. O que fazer com tantas fitas ou DVDs parados a partir de então?

O grande segredo nessa história está na percepção de como se deu o surgimento de uma startup de sucesso. Ao procurar resolver um problema de maneira escalável, repetível e digital, a Netflix revolucionou a maneira como consumimos filmes e séries. Além de eliminar a necessidade de deslocamento até uma locadora, a empresa ainda solucionou outra questão: ao disponibilizar uma extensa variedade de filmes e séries por streaming e pela internet, não precisa se preocupar com estoque e espaço físico para armazenar todos os produtos. Não vou nem mencionar as multas por atrasos na entrega ou a necessidade de rebobinar fitas depois de assisti-las.

A Uber é outro exemplo clássico de uma startup de sucesso. Um problema que sempre existiu é: como se locomover de um ponto A até um ponto B? Se você não tem seu próprio automóvel e não deseja utilizar transporte público, a resposta mais comum para essa questão seria chamar um táxi. O interessante aqui é que a Uber não resolve o problema da mesma maneira que os táxis, porque a solução é feita de maneira digital (não é preciso telefonar ou esperar no ponto) e não há deficiência de escala (afinal, uma cooperativa de táxi terá sempre um número limitado de frota). Além de resolver o problema do deslocamento, a Uber consegue atender mais pessoas e, muitas vezes, mais rápido justamente pela quantidade de carros disponíveis e pela abrangência de território.

**Reforço que empresas preocupadas com a transformação digital são capazes de proporcionar melhores experiências com foco no que os clientes de fato buscam. E a nova economia é pautada justamente em incentivar essas novas experiências.**

Em contrapartida, podemos considerar que o modelo de negócios da Uber ainda não está consolidado, tanto porque depende da quantidade de pessoas que se oferecem para ser motoristas quanto porque precisa definir se a cobrança é melhor quando feita por quilômetro rodado, por corrida ou por tempo, entre outros fatores que ainda precisam de lapidação nessa nova oferta de serviço.

Por isso reforço tanto a importância de um CEO estar com o olhar atento para a transformação digital, porque muitas das soluções pelas quais buscamos ainda precisam ser criadas. E, se não formos ágeis, correremos o risco de perder o mercado – como aconteceu com a Blockbuster – ou de sermos dominados pela concorrência.

No caso do mercado de streaming, a consolidação do modelo de negócios impulsionou o aumento da competição. Se antes todos nós tínhamos urgência para assinar a Netflix para ter na palma das mãos um catálogo variado de filmes, séries e documentários, hoje pensamos duas vezes sobre quais plataformas realmente valem o investimento, uma vez que existem muitas outras.

Amazon? HBO? Disney? Repare que todas elas são nativas digitais e, ainda que tenham copiado o modelo de negócios da Netflix, são consideradas startups, uma vez que ainda estão explorando um mercado tão recente e repleto de possibilidades e testes. A diferença é que muitas delas contaram com um grande investimento inicial, já que foram setores criados dentro de grandes corporações.

O futuro dessas empresas ainda é incerto. Se, por um lado, sabemos que existem ainda muitas possibilidades de melhoria e inovação, por outro, podemos considerar que algumas delas podem deixar de existir em um futuro próximo ou, quem sabe, serem compradas e se tornarem parte de outros grupos.

Agora que você tem maior clareza sobre as diferenças entre startups e nativas digitais, faço o convite para que comece a pensar sobre como isso se aplica ao seu negócio atual ou sobre o negócio que pretende criar. Quais são as soluções digitais que você pode criar a partir de agora? Lembre-se da importância de inovar - foi assim que a Netflix e a Uber conquistaram os próprios espaços.

## INOVAÇÃO E NOVOS MODELOS DE NEGÓCIOS

Quando falo sobre inovação, vejo que muitas pessoas pensam logo em um inventor ou em alguém capaz de criar ideias mirabolantes constantemente - como Leonardo da Vinci. Há, sim, um pouco de verdade nisso e muitas personalidades como ele foram capazes de criar coisas incríveis que trouxeram muito valor para a sociedade atual. No entanto, minha intenção aqui é fazer com que você perceba que inovar não é, necessariamente, inventar. Iniciativas de inovação visam resolver problemas de uma maneira diferente.

Assim, o segredo para criar algo inovador não está em focar na invenção de um novo produto, e sim no problema que ele vai resolver. Quer um exemplo? Podemos considerar que o robô aspirador foi um produto inovador, mas não podemos dizer que ele foi uma invenção. Afinal, aspirar sujeira era um problema resolvido com um aspirador comum, certo? Esse é o contexto que você deve considerar quando estiver pensando em inovar.

Para criar soluções inovadoras, você deve buscar maneiras diferentes - e melhores - de fazer algo que já faz. Se o problema que você resolve é a limpeza da casa, como pode fazer isso de uma maneira mais interessante e que trará benefícios?

Quando falamos sobre empresas nativas digitais, podemos dizer também que são empresas emergentes cujo principal objetivo é desenvolver e aprimorar modelos de negócio. Elas são nativamente inovadoras porque focam problemas que existem e que podem até já estar sendo resolvidos, mas de uma maneira diferente.

Vamos retomar o exemplo da Uber: a forma de conectar um motorista, por meio de um aplicativo, diretamente a alguém que tinha a necessidade de se locomover foi inovadora porque houve aprimoramento de um modelo que já existia. No entanto, para que esse modelo fosse testado antes de confirmar que seria de interesse do público, a experimentação foi fundamental e, nesse quesito, as nativas digitais saem na frente das grandes organizações. Como são ágeis, elas testam funcionalidades e modelos de negócio com rapidez, recebendo o retorno direto de quem mais importa: o usuário final.

Essa experimentação traz feedbacks do mercado e dos consumidores sobre determinado processo de inovação. Isso porque, quando criamos algo, é bem possível que nos deparemos com desafios ou obstáculos imprevistos. Cada usuário ou consumidor pode usufruir de um produto de maneira diferente. Por exemplo, se estamos elaborando um novo aplicativo, será que o que desenvolvemos é mesmo o que o usuário estava buscando?

Não adianta criar algo inovador que não esteja pronto para ter aderência do mercado, é preciso que exista demanda. Dentro das startups esse conceito é chamado de MVP (*minimum viable product*) ou produto minimamente viável, que é a versão mais simples de determinado produto, capaz de ser lançada a partir de um esforço mínimo.

**Se não formos ágeis, correremos o risco de perder o mercado ou de sermos dominados pela concorrência.**

Quer um exemplo? Antes do iFood, a maioria de nós acumulava panfletos e cardápios soltos dos nossos restaurantes favoritos para poder pedir um delivery por telefone. Novamente, a inovação se deu ao buscar uma solução diferente e com mais benefícios para um modelo existente.

Por outro lado, pensando em viabilidade, se o aplicativo tivesse sido lançado dez anos antes, é bem possível que não tivesse tanta aderência e consequente sucesso. A sociedade ainda não era a ideal para isso, já que grande parte das pessoas não tinha internet no celular e, até mesmo, dependia da internet discada no computador.

Considerando a transformação e a economia digital na qual nossa sociedade está inserida, é fundamental criar produtos e serviços que possam ser explorados digitalmente e de maneira escalável. Isso vale para empresas – sejam elas pequenas, médias ou grandes – e também para autônomos e empreendedores que pretendem ampliar o faturamento.

Vamos imaginar, por exemplo, que você é um personal trainer. Qual é o problema que você resolve? Elaborar e acompanhar o treino de seus alunos. Há algumas limitações quando pensamos em escalar esse serviço, afinal você não consegue atender pessoalmente mais do que X alunos por dia, e esse atendimento depende exclusivamente de você e do tempo que você pode se dedicar a isso. Como você poderia pensar em resolver esse problema de uma maneira diferente, inovadora e dentro da economia digital? A seguir, listo algumas alternativas:

- Dar aulas on-line para atender mais pessoas;
- Fazer sessões de personal para grupos e cobrar mais nas aulas individuais;

- Criar um programa de assinatura e compartilhar treinos para uma grande quantidade de alunos;
- Desenvolver um aplicativo para atender a alta demanda.

Se você ainda não acredita que essas alternativas são perfeitamente viáveis, saiba que, durante a pandemia de covid-19, Norton Mello, personal trainer de muitos famosos, teve o mesmo problema crônico que a maioria dos prestadores de serviço tiveram: a redução absurda na demanda de seus serviços. Ao precisar se reinventar diante desse novo cenário, ele deixou de trabalhar da maneira tradicional e partiu para as aulas pelo Instagram.

Como ele já tinha um número elevado de seguidores por ser o personal das estrelas, suas lives gratuitas foram um sucesso. Então, ele criou um programa de assinatura e por meio de suas redes sociais conseguiu mais de 11 mil assinantes,[4] um número bastante impressionante se pensarmos que, em princípio, um personal tem muitas limitações de escala.

É esse o tipo de visão estratégica que você precisa ter para se transformar e, bem provavelmente, seu concorrente também começará a pensar assim (ou já está pensando). Uma frase da qual gosto bastante sobre o papel de um CEO é que ele deveria refletir sempre sobre como destruir o próprio negócio. Esta é a regra do jogo na economia digital: se você não reavaliar constantemente o seu negócio, saiba que pode se tornar

---

**4** PERSONAL TRAINER DE FAMOSOS, Norton Mello faz fusão milionária do seu aplicativo de treinos on-line. **IstoÉ**, 13 set. 2022. Disponível em: https://istoe.com.br/personal-trainer-de-famosos-norton-mello-faz-fusao-milionaria-do-seu-aplicativo-de-treinos-online/. Acesso em: 24 jun. 2023.

RESOLUÇÃO DE PROBLEMA COM TECNOLOGIA DE MANEIRA ESCALÁVEL E INOVADORA

ultrapassado em breve. É esse pensamento crítico que fará com que você crie novas maneiras de inovar.

Saiba desde já que, ao inovar, você será copiado e que é exatamente isso que você quer. Se você está sendo copiado, tenha a certeza de que está fazendo alguma coisa certa e de que esse é, justamente, o papel de um inovador.

## MARKETING DIGITAL E O CONCEITO DE REDE DE CLIENTES

Marketing digital parece ser um dos assuntos mais falados do momento e há diversas possíveis perspectivas sobre ele. Neste livro, uma das minhas intenções é fazer com que você perceba que a nova economia digital impulsiona o marketing digital e vice-versa. Assim, é impossível falar sobre se transformar digitalmente sem utilizar o marketing digital a seu favor.

E por que isso é importante? Porque as pessoas – o público – não estão mais na rua ou na frente da televisão, mas sim na internet. Aqui, não quero trazer opções de estratégia para que você faça um bom marketing digital. Quero que você compreenda a importância do que está por trás dele: o conceito de rede de clientes.

Na visão tradicional de mercado, clientes são atores passivos. Ou seja, se eu tenho um cliente, dirijo minha oferta para ele e, depois que a venda é concluída, entrego o produto adquirido e o ciclo da venda se encerra aí.

Na era digital, por sua vez, todos os clientes ou clientes em potencial são considerados uma rede, pois se conectam e interagem não só com a marca que está promovendo a venda mas também entre si. Isso acontece de maneira dinâmica e contínua, e a influência que um cliente tem sobre outro tem o poder de construir ou destruir a reputação de quem está promovendo a venda. Assim, o uso das plataformas digitais e de marketing digital é o que vai permitir que esses clientes tenham uma visão sobre o seu negócio – seja ela construtiva ou destrutiva.

Daí a importância de você compreender o conceito da rede de clientes, porque, além de afetar o seu marketing, afeta a visão que você precisa ter quanto à resolução de problemas que mencionei anteriormente.

Hoje, a maneira como os clientes procuram, escolhem ou analisam um produto é totalmente influenciada pelas plataformas digitais. Eu, por exemplo, antes de comprar um produto, pesquiso sobre ele no Google, procuro *reviews* no YouTube e faço uma busca pelo nome da empresa no Reclame Aqui, na tentativa de ter mais informações sobre a reputação da marca. Antes da revolução digital, esse tipo de pesquisa era muito mais difícil, porque não tínhamos o hábito de pedir a opinião de ninguém sobre algo antes de efetuar uma compra. Atualmente, porém, o marketing de influência e os influenciadores ganham cada vez mais destaque.

As empresas perceberam que somos mais influenciados por pessoas reais e com as quais temos algum tipo de conexão do que por artistas que comunicam para um público grande e variado. Se na visão tradicional de mercado usava-se um outdoor para anunciar uma marca, hoje são selecionados influenciadores específicos que se conectam com o público-alvo de maneira mais eficiente para, assim, induzir alguém a efetuar uma compra.

E é por isso também que a criação de autoridades que impulsionam o consumo no contexto do marketing digital tem se tornado cada vez mais popular. Se hoje você tem alguém com autoridade para falar sobre sua marca, saiba que essa pessoa também tem o poder de destruí-la na mesma proporção. Se uma pessoa na qual você confia, por falar com propriedade sobre um assunto, disser que uma marca não é boa, tenho certeza de que você não pensará duas vezes antes de comprar algum produto da marca em questão.

Com a transformação digital, você precisa começar a reconhecer que um consumidor em potencial é, provavelmente, o seu melhor parceiro de vendas e de inovação. É o seu cliente quem vai ajudá-lo a direcionar seus esforços a partir do modo como você se conecta com ele, e é ele quem trará mais oportunidades de negócios – seja pela recompra ou pela opinião que ele terá sobre você após a compra.

Isso vale não só para os influenciadores mas também para as nossas próprias redes sociais: quantas vezes você já foi influenciado por um amigo que comentou que comprou algo interessante ou que curtiu um serviço? Isso pode acontecer em uma mesa de bar, nos stories do Instagram, no Facebook ou no Twitter, sem contar o Google Review, o TripAdvisor e quaisquer outras plataformas que permitem que as pessoas emitam uma opinião. Tudo é passível de influência, seja positiva ou negativa.

Um estudo feito pelo Escritório de Assuntos do Consumidor da Casa Branca (White House Office of Consumer Affairs)[5]

---

**5** THOMAS, Andrew The Secret Ratio That Proves Why Customer Reviews Are So Important. **INC**. Disponível em: https://www.inc.com/andrew-thomas/the-hidden-ratio-that-could-make-or-break-your-company.html. Acesso em: 24 jul. 2023.

mostra que um cliente insatisfeito divide a própria frustração, em média, com nove a quinze pessoas. Treze por cento desses clientes insatisfeitos compartilharão sua opinião com mais de vinte pessoas. Por outro lado, se um cliente tem uma experiência positiva, essa informação não será compartilhada nem com a metade desse número. Ou seja, se o seu cliente não gostar do seu produto, serviço ou atendimento, é bem provável que ele se queixe sobre isso para muitas pessoas e, se gostou, que guarde a informação para si ou apenas para os mais próximos.

Empresas nativas digitais têm fama de serem *customer obsessed* e é essa obsessão pelos clientes e pela alta satisfação deles que faz com que elas consigam cada vez mais clientes, consumidores e fãs. Afinal, é melhor fazer vinte boas vendas do que mil vendas ruins. Lembre-se de que um cliente infeliz pode destruir a possibilidade de trazer mil novos clientes.

## EVOLUÇÃO DOS HÁBITOS HUMANOS (COMUNICAÇÃO E CONSUMO)

"Nunca desperdice uma boa crise"[6], disse Winston Churchill.

Durante os tempos da pandemia de covid-19, a famosa frase do ex-primeiro-ministro britânico caiu no discurso da maioria dos empresários e empreendedores do Brasil e do mundo. E não sem motivo. A grande preocupação com a economia à medida que diversos setores pareciam prestes a colapsar nos lembrou

---

6 "NUNCA desperdice uma boa crise". AERP, 14 maio 2020. Disponível em: https://aerp.org.br/geral/nunca-desperdice-uma-boa-crise/. Acesso em: 7 ago. 2023.

de que é justamente nos momentos de crise que somos impulsionados a nos reinventar.

Considerando essa capacidade de reinvenção, proponho que pensemos em três categorias de perfil de comportamento humano quando novas necessidades e tendências surgem no mercado. São elas:

- Inconformados;
- *Early adopters*;
- Senso comum.

Chamo de inconformados todos que estão focados nos problemas e, mais do que isso, dispostos a encontrar soluções para acelerar possíveis transformações. Já os *early adopters* são aqueles que apresentam pouca resistência às novidades e, pelo contrário, costumam demonstrar algum entusiasmo ao serem os primeiros a adotar algo novo. São as pessoas que geralmente gostam de testar produtos e novidades antes de qualquer um. Por último, o senso comum engloba a parcela da população que, aos poucos, passa a adotar algo novo na própria rotina, mas só depois que a maioria já incorporou a novidade no dia a dia: e é aí que nasce um novo hábito na sociedade.

Um exemplo prático dessa aplicação foi a implementação do PIX para além da TED e do DOC, com os quais já estávamos habituados. Nesse cenário, os inconformados foram aqueles que insistiram em encontrar uma nova maneira – com mais praticidade e menos custos – para fazer algo que já fazíamos há muito tempo. Os *early adopters* foram aqueles que imediatamente aderiram à nova medida sem pensar muito nos possíveis riscos ou problemas que poderiam ocorrer. A partir dessa experimentação, o senso comum aderiu à nova ferramenta e o PIX é utilizado atualmente pela maioria dos brasileiros, ainda que algumas pessoas resistam à ideia.

Muitas pessoas desperdiçam a oportunidade de estar na vanguarda porque têm medo de se reinventar. Permanecer onde estamos é sempre confortável, mas, quando levamos em conta possíveis crises e a evolução constante pela qual a humanidade passa, fica claro que a estagnação é um grande erro que deve ser evitado.

Quem se reinventa geralmente tem um resultado pós-crise muito melhor do que quem insistiu em não evoluir. Durante a pandemia de covid-19, por exemplo, as teleconsultas ainda estavam em fase de experimentação no Brasil e, dadas às circunstâncias, por conta do aumento significativo na procura da telemedicina, o aperfeiçoamento e a regulamentação dessa atividade foi fundamental. Especificamente nesse caso, a transformação digital foi imprescindível para resolver o problema de imediato, mas, além disso, possibilitou novas oportunidades de negócios e experiências para médicos e pacientes.

A frase de Churchill é certeira porque, afinal, as crises podem ser um excelente acelerador de transformações, sobretudo se estivermos receptivos às mudanças e às novas perspectivas. Por isso você deve considerar as três categorias de perfil de comportamento sempre que estiver experimentando a criação de algo, seja um produto ou serviço. Tenha em mente que alguns consumidores podem ser resistentes, e é seu papel conhecer aqueles dispostos a testar novidades.

É bem possível que novos hábitos tenham sido gerados desde que eu escrevi este livro e que novas influências tenham sido criadas a partir de uma série de revoluções. As mudanças são constantes. E pensar sobre os impactos das crises e das novas tecnologias faz parte de saber avaliar as evoluções humanas para estar mais bem preparado para lidar com elas.

É difícil prever o futuro, claro, mas, quando pensamos na história da humanidade e, principalmente, na constante evolução tecnológica que vemos hoje, sabemos que a tendência é que essas evoluções aconteçam cada vez mais rápido.

Como vai ser o futuro com os carros elétricos? Com viagens tripuladas ao espaço? Quais novos mercados surgirão a partir disso? Pensar nessas perguntas pode parecer algum tipo de delírio futurista, mas a verdade é que as possibilidades são imensas.

Há pouquíssimo tempo, conseguir uma consulta com um médico para o mesmo dia, sem sequer precisar sair de casa, parecia uma ideia complexa de colocar em prática. No entanto, uma pandemia e novidades tecnológicas mudaram essa realidade em menos de dois anos. Assim, a única certeza que temos é a de que os hábitos humanos estão em constante evolução.

Você faz o exercício de refletir sobre o impacto que as novas tecnologias trazem para a sociedade? Que novos hábitos podem surgir?

**Iniciativas de inovação têm foco em resolver problemas de uma maneira diferente.**

# RESISTÊNCIA AO NOVO

Vamos começar aceitando a realidade como ela é: resistir é algo comum para o ser humano.

Evoluir é desconfortável e, ao longo da vida, a tendência é que tentemos criar uma rotina que seja mais cômoda e que procuremos por um estilo de vida que exija menos esforço. O cérebro procura o tempo todo formas de poupar energia e de otimizar o que precisamos fazer.

Ainda que essa seja uma resposta natural do nosso organismo, o grande problema é que, quando permanecemos conformados com o que vivemos e com o que nos rodeia, acabamos obtendo sempre os mesmos resultados, seja no âmbito profissional, familiar ou em relação à nossa saúde. É natural, e é por isso que nos últimos anos ouvimos cada vez mais profissionais falando sobre a zona de conforto e a importância de tentar sair dela.

O grande ponto aqui é que a vida moderna – conforme tudo que tenho trazido ao longo do livro – é dinâmica, exige ação, e não dá para fugir disso. Justamente por precisarmos nos adaptar de maneira constante, sentimos esse desconforto, que, por sua vez, gera insegurança, ansiedade e uma série de sentimentos complexos, mas que são perfeitamente naturais e necessários para que a mudança aconteça.

Quando transpomos essa realidade para a estrutura organizacional de uma empresa, conseguimos perceber que o padrão se repete, porque empresas são formadas por pessoas e isso não pode ser ignorado. Os colaboradores que compõem a sua empresa são seres humanos e, consequentemente, podem apresentar resistência diante de qualquer mudança que você pretenda implementar. Assim, se estiver pensando em propor uma transformação digital dentro da sua organização, você precisará lidar com os mesmos sentimentos de insegurança, medo e ansiedade. E por que é importante ter essa compreensão?

Certo dia, li uma matéria interessante que falava que mamíferos costumam reagir de duas formas a ameaças: atacam ou se defendem. Pensando nisso, cheguei à conclusão de que é realmente dessa maneira que costumamos nos comportar, seja em uma conversa de bar ou quando precisamos tomar alguma grande decisão. A matéria dizia, também, que para defender, seja os filhotes ou o próprio território, os mamíferos costumam ter muito mais força do que para atacar, pois a sobrevivência do animal depende mais da sua capacidade de se proteger de ameaças externas do que da capacidade de caçar presas.

Isso me faz pensar que, diante de uma situação hipotética, na qual nos sentimos ameaçados porque precisarmos sair da nossa zona de conforto, é bem provável que utilizemos muito mais força para resistir a essa mudança do que para nos adaptar a ela. Daí a importância de você estar preparado para lidar com possíveis resistências.

Considerar grandes mudanças no ambiente de trabalho é como entrar em um terreno que a gente não domina e desconhece. E, diante disso, a tendência natural é resistir para continuar mergulhado em uma situação na qual se sente o mínimo de controle. A partir do momento que essa sensação de controle parece se dispersar, a reação é tentar ser um agente bloqueador daquilo, e não alguém disposto a participar de tal mudança.

Vamos imaginar o seguinte cenário: Joana é uma mulher de 50 anos que trabalha desde jovem com datilografia. O trabalho dela consiste basicamente em redigir e digitar textos que só existem impressos e que precisam ser digitalizados para um computador. A tecnologia conhecida como OCR (*optical character recognition*) surgiu para revolucionar essa área e é capaz de reconhecer caracteres (sejam eles escritos à mão ou digitados) a partir do escaneamento desse documento que, até então, precisava ser digitado por uma profissional como Joana.

Não à toa Joana resiste à ideia quando descobre que a empresa onde trabalha pretende adotar a nova tecnologia para poder atender mais clientes com mais rapidez. Afinal, a partir dessa implementação muitas incertezas surgem para ela: "Será que vou perder meu emprego? Será que a minha função vai deixar de existir? Será que vou precisar aprender uma nova habilidade? Com o que eu vou trabalhar a partir de agora?".

Ter consciência de como a transformação digital pode impactar os profissionais que atuam em sua empresa é fundamental para que o seu trabalho de gestão durante essa transformação seja qualificado. Tanto para que você possa planejar a implementação com menos resistência – ao conversar com os profissionais que podem realmente precisar se adaptar às novas circunstâncias, por exemplo – como para estar preparado para lidar com todas as consequências que virão a partir dessa mudança necessária.

## OS BLOQUEIOS QUE VOCÊ E SUA EMPRESA ENFRENTAM

Anteriormente, falei sobre a importância da influência dentro do conceito de rede de clientes. Agora, trago mais uma vez essa perspectiva, porém em outro contexto.

Todo ambiente social em que vivemos – familiar ou corporativo, por exemplo – está sujeito à influência das pessoas. Então, ainda que nem todas as pessoas sejam adversas às mudanças (afinal, temos os **inconformados** e os ***early adopters*** para apoiar as evoluções), precisamos considerar que algumas influências podem afetar de maneira negativa as transformações em uma empresa e acabar gerando uma resistência corporativa.

Lembro-me perfeitamente de um cliente meu que enfrentou uma grande dificuldade para implementar novas tecnologias em seu negócio. Sempre que ele tentava falar sobre o assunto, os colaboradores traziam centenas de argumentos para não avançar com a sugestão de mudança. Levou algum tempo até que ele conseguisse comunicar com mais eficiência os benefícios das novas tecnologias e explicar por que era importante evoluir.

Em algum momento, esse cliente obteve sucesso nesse processo, mas isso exigiu alguns passos fundamentais. Acredito que o principal deles foi o diálogo aberto e a busca pela capacitação dos seus colaboradores, que puderam compreender com clareza os reais benefícios da transformação.

As relações humanas exigem paciência e diálogo, sobretudo se quisermos convencer e influenciar alguém a tomar uma decisão que julgamos ser a melhor. Assim, optar por impor a sua visão estratégica sobre alguém que ainda não tem a mesma convicção que você quanto à importância da transformação digital pode não ser o melhor caminho para conseguir o que quer.

Minha intenção com este livro é, justamente, desmistificar alguns preconceitos que muitas pessoas têm em relação à evolução tecnológica e fazer com que você seja capaz de fazer o mesmo. Para furar bloqueios, precisamos aprender a ser mais amigáveis e flexíveis, aprender a escutar de onde vêm os medos e receios para sermos capazes de desconstruí-los de fato. Sem isso, será muito mais difícil avançar.

Você, no papel de gestor, precisa conhecer bem as razões e os benefícios que o levaram a tomar uma decisão de mudança. Precisa dominar o assunto para se tornar, de certo modo, uma autoridade diante dos seus colaboradores e começar a influenciá-los positivamente em direção à transformação. Lembre-se de que o novo pode ser considerado uma ameaça e que as pessoas e organizações lutarão contra isso.

Outro bloqueio que você pode acabar enfrentando é a falta de recursos ou de investimentos voltados para a transformação digital. Com frequência, empresas de pequeno – e até de médio – porte não conseguem ter clareza sobre a necessidade de acompanhar as evoluções tecnológicas. Assim, podem acabar criando bloqueios financeiros ou gerando impedimentos de investimento para a transformação.

Aqui, retomo a ideia que apresentei quanto ao dilema do CEO. O principal objetivo do CEO é garantir um negócio saudável que gere dividendos aos seus acionistas. Se ele passa a fazer investimentos na transformação, esse retorno será naturalmente comprometido. A pergunta é: será que é melhor garantir essa premissa de retorno financeiro aos sócios da empresa e seu emprego atual ou transformar para que haja um emprego no futuro? No fim do dia, esse dilema pode inclusive ser parte do bloqueio que impede o avanço – e não porque o CEO é resistente às novas tecnologias, mas porque também está em uma zona de conforto e prefere ter um retorno financeiro imediato do que investir em melhorias e mudanças. Esse imediatismo ou visão de curto prazo pode ser fatal.

**HOJE, FARIA SENTIDO PARA VOCÊ TRANSFORMAR UMA PARCELA DE SEU LUCRO EM INVESTIMENTO TECNOLÓGICO PARA QUE A EMPRESA PERMANEÇA DE PÉ NO FUTURO?**

Só é possível furar resistências por meio da boa comunicação e da influência positiva, e espero que este livro seja capaz de abrir a sua visão sobre a transformação digital para que você comece a encará-la de maneira afirmativa e com menos objeção.

Procure pensar no que você tem a ganhar a partir das novas tecnologias e tenho certeza de que verá que os benefícios são maiores que as desvantagens. Uma empresa digital costuma ser mais eficiente, veloz e dinâmica e comete menos erros humanos, além de entregar uma experiência muito melhor ao cliente.

Se os benefícios não estão claros para os seus colaboradores, você deve ser o responsável por trazer essa clareza. Este é o papel do líder moderno: ser a pessoa capaz de reduzir resistências e de minimizar as fricções naturais que decorrem da transformação digital.

## A DISRUPÇÃO É NECESSÁRIA

A palavra "disrupção" pode ser interpretada como uma ruptura, que nada mais é que o ato de interromper o curso normal (ou previsto) de um processo. No livro *O dilema da inovação*,[7] o autor Clayton M. Christensen procura demonstrar como grandes empresas fracassaram mesde estando antenadas nos concorrentes, ouvindo clientes e buscando investir em novas tecnologias.

---

7 CHRISTENSEN, C. M. **O dilema da inovação**. São Paulo: M. Books, 2011.

A ideia central do livro é a de que as tecnologias não apenas sofrem mutações diante de novas demandas mas também passam por um processo de verdadeira evolução – assim como tenho discutido ao longo deste livro. É fácil perceber esse conceito em produtos que utilizamos todos os dias e, a seguir, apresentarei alguns exemplos para que você o identifique com mais facilidade. A caneta-tinteiro, por exemplo, foi substituída pela caneta esferográfica; o vinil, pelo CD, e, posteriormente, o CD, pelo streaming; a fotografia, por sua vez, deixou de ser revelada por filmes e passou a ser digital. Todos esses produtos passaram por uma evolução, mas ainda mantêm as características essenciais: escrever, ouvir música e registrar imagens.

Podemos considerar que essas evoluções ocorrem quase de maneira natural impulsionadas pelo constante progresso humano e pelas mudanças em nossos hábitos de consumo. Foi a partir desse ritmo que a Parker acabou sendo substituída pela BIC, a Sony, pelo Spotify, e a Kodak, pela Canon. Perceba que os produtos permaneceram, mas que as empresas não conseguiram se reinventar dentro do mesmo segmento para continuar líderes no mercado. Daí a importância de compreender todo o processo evolutivo e de disrupção para se manter em destaque.

Não deixamos de escrever à mão, de ouvir música ou de tirar fotografias, mas, ao sermos surpreendidos ou apresentados a novas maneiras de viver as mesmas experiências, criamos uma ruptura no curso "normal" pelos quais elas seguiam. Quando digo que a necessidade de disrupção é fundamental para o processo evolutivo é justamente porque nada inovador surgirá enquanto nos mantivermos em zonas de conforto e trajetórias já exploradas. É preciso explorar e experimentar novas necessidades de resolução de problemas.

**É PRECISO SE ADAPTAR E COMPREENDER O PAPEL DE SUA EMPRESA DENTRO DA SOCIEDADE PARA SE ADAPTAR À NOVA ECONOMIA DIGITAL**

Não aceitar essa ideia ou insistir em resistir às mudanças que o mercado tem exigido é o que faz com que empresas fiquem ultrapassadas, caiam em esquecimento e, até mesmo, enfrentem a falência. As dez empresas mais valiosas de dez anos atrás[8] já não são as mesmas empresas mais valiosas de hoje e, caso algumas ainda tenham permanecido nesse ranking, é bem provável que não tenham resistido às mudanças nem investido em tecnologias para acompanhar a evolução do mercado.

Compreender o que é disrupção pode parecer complexo, mas ela é, basicamente, uma mudança drástica que acontece não só em uma empresa como também em toda uma indústria ou setor. Uma disrupção impacta a sociedade de tal modo que todas as empresas que atuam em determinado segmento precisam se adaptar a ela.

O aspecto principal a que você deve ter atenção, no papel de CEO ou líder de uma empresa ou organização, é que a maioria das empresas enfrenta dificuldades em trazer a disrupção porque geralmente estão focadas em agradar os próprios clientes ou apenas em gerar lucro, e esquecem a necessidade real do segmento em que atuam. Esquecem o verdadeiro propósito pelo qual trabalham, que é encontrar soluções para determinados problemas.

---

**8** O que mudou em 10 anos na lista das empresas mais valiosas do mundo. **Insper**, 06 jun. 2016. Disponível em: https://www.insper.edu.br/noticias/o-que-mudou-em-10-anos-na-lista-das-empresas-mais-valiosas-do-mundo/. Acesso em: 25 jun. 2023.

Visionários enxergam oportunidades, estão atentos às mudanças de mercado.

Por isso, quando uma startup emerge no mercado, ela é capaz de conquistar novos clientes com certa facilidade. Seu foco está exatamente em procurar aquelas demandas que estão sendo negligenciadas, em oferecer melhor preço para os mesmos clientes ou uma nova funcionalidade porque criaram alguma inovação. Essas empresas são consideradas disruptivas porque conseguem causar uma mudança dentro de um segmento inteiro e não surgem apenas com o intuito de ser mais uma concorrente.

Foi uma disrupção que a Netflix promoveu dentro do setor audiovisual, assim como o Airbnb no setor hoteleiro e a Uber no transporte. Depois delas, novas concorrentes surgiram, é fato, mas é preciso reconhecer e perceber que elas fizeram muito mais que inovação: promoveram disrupção e evolução.

A verdadeira disrupção acontece com aquela empresa que começa a conquistar clientes no terminal do segmento, porque é ela que está experimentando as mudanças necessárias que têm sido pedidas, muitas vezes, pelos próprios clientes. E isso, quase sempre, dentro da nova economia digital e com o avanço tecnológico. As pessoas estão cada vez mais exigentes e impacientes. A cada nova geração, os hábitos de consumo se modificam e é preciso acompanhá-los como for possível para se manter no jogo.

A Coca-Cola – provavelmente o refrigerante mais famoso do mundo e que atua em seu segmento desde 1892[9] – sempre

---

**9** COCA-COLA BRASIL. Coca-Cola Brasil adota estratégia para atender consumidores em constante mudança. **O Globo**, 30 jun. 2017. Disponível em: https://oglobo.globo.com/saude/coca-cola-brasil-adota-estrategia-para-atender-consumidores-em-constante-mudanca-21532845. Acesso em: 25 jun. 2023.

procurou se reinventar para permanecer uma das maiores empresas do setor. Atualmente, por exemplo, ao reconhecer que as pessoas têm procurado adotar um estilo de vida cada vez mais saudável, a empresa tem promovido mudanças nas fórmulas de suas bebidas para reduzir a quantidade de açúcar, além de investir em alternativas mais saudáveis, como sucos e água de coco. Eles estão sempre atentos aos hábitos de consumo das pessoas. E ainda que, neste momento, não tenham trazido nenhuma nova disrupção, decerto a trouxeram anteriormente, quando popularizaram os refrigerantes.

É fato que não podemos afirmar se com o passar dos anos as pessoas deixarão de beber Coca-Cola, mas meu ponto aqui é que, em vez de esperar o futuro de braços cruzados, a empresa não deixa de procurar outras linhas de negócio para explorar e experimentar.

## TRANSFORMAÇÃO POR VONTADE *VERSUS* TRANSFORMAÇÃO POR NECESSIDADE

Estar atento ao processo evolutivo e às necessidades de disrupção pode ser exatamente o que fará com que sua empresa se destaque no seu setor de atuação; no entanto, é verdade que nem todas as empresas do mundo terão a capacidade de ser visionárias e disruptivas. E é importante falarmos sobre essas diferenças e como elas impactam o futuro dos seus negócios.

O filme *Fome de poder*,[10] dirigido por John Lee Hancock e estrelado por Michael Keaton, conta a história de como o McDonald's

---

**10** FOME de poder. Direção: John Lee Hancock. EUA: The Weinstein Company, FilmNation Entertainment, Faliro House Productions 2017. Vídeo (115 min). Disponível em: https://www.netflix.com.br. Acesso em: 7 ago. 2023.

tornou-se a primeira grande cadeia de fast-food em escala mundial. O foco da narrativa recai sobre o Ray Kroc, vendedor de máquinas de milk-shake e o responsável pela verdadeira transformação do que antes era uma pequena lanchonete dos irmãos McDonald.

Ao assistirmos ao filme, percebemos nitidamente que, talvez, se o McDonald's tivesse continuado na mão dos irmãos, ele nunca teria sido o que conhecemos hoje. Para chegar ao que a empresa é atualmente foi preciso ter visão, estratégia e sede de inovação.

Dentro de uma empresa, nem todos os funcionários ou fundadores são visionários, mas sempre existem aqueles capazes de enxergar a necessidade de mudança antes mesmo que ela aconteça. Visionários enxergam oportunidades, estão atentos às mudanças de mercado e, quando encontram uma brecha de atuação, vão lá e executam o que visualizaram.

Podemos dizer que quem muda por vontade são os inconformados, que estão sempre buscando criar novas alternativas para a resolução de problemas. São aqueles atentos ao movimento do mercado e que não querem esperar que uma mudança aconteça para agir. São os visionários que compreendem que uma transformação pode ser necessária daqui a cinco anos, mas que é preciso estar preparado para ela ainda que o negócio não esteja sendo afetado neste momento.

Já quem muda por necessidade geralmente está correndo atrás do prejuízo e procurando se adaptar às tendências que chegaram com tudo e revolucionaram o mercado. Ou, até mesmo, aproveitando a nova onda para expandir os negócios, ainda que não tenham efetivamente criado algo inovador.

E qual é a maior diferença aqui? A mentalidade, ou mindset, de quem está por trás de cada uma dessas atitudes. As pessoas que se transformam por necessidade terão menos resiliência que aquelas que se transformam por vontade. Elas podem até sobreviver a um ou dois ciclos de transformação, mas é bem provável que não resistam às mudanças e a evolução ao longo do tempo. Por quê? Porque estão sempre correndo atrás de um prejuízo em vez de pensar em estratégias para sair na frente, de inovar.

Ainda que não seja um caminho fácil, a transformação por vontade própria é sempre a melhor opção. Quem opta por trilhar nesse rumo sabe que os riscos são inerentes ao negócio e que, se não houver procura constante por inovação e evolução, corre-se um risco enorme de que o negócio não se perpetue.

Com o surgimento da Uber, por exemplo, os táxis e cooperativas precisaram correr atrás do prejuízo. E como fizeram isso? Oferecendo tarifas menos abusivas e, em algumas cooperativas, criando aplicativos de atendimento ao cliente para que não fosse mais necessário falar por telefone. Mas será que isso será suficiente para que eles se perpetuem a longo prazo?

As empresas de táxi passaram por uma transformação por necessidade após a disrupção que a Uber provocou no mercado; no entanto, quem garante que um novo modelo não vá surgir em breve, causando uma nova disrupção em todo o setor?

Quando Ray propôs mudanças e inovações no McDonald's, sua mentalidade estava voltada para a expansão e a evolução no setor em que atuava, e isso fez toda a diferença para que a empresa se consolidasse e chegasse ao que é hoje. Os irmãos McDonald poderiam muito bem não ter embarcado na ideia do vendedor e continuado os negócios como bem entendessem, mas tenho certeza de que a história teria sido bem diferente e que, talvez, nós nunca tivéssemos ouvido falar dessa lanchonete.

Pensando nisso, quero propor que agora mesmo você reflita sobre a sua mentalidade diante de seus negócios. Você se considera um visionário ou alguém que está sempre correndo atrás do que a concorrência cria? Será que hoje não existe algum colaborador visionário propondo inovações constantemente e você que é a pessoa que está criando resistência?

Para fazer parte da transformação digital, você precisa estar disposto a transformar a maneira como enxerga as mudanças e novas possibilidades no segmento em que atua.

## COMO VOCÊ VÊ O FUTURO?

Falar sobre futuro é algo totalmente relacionado à transformação, mas, quando esse é o assunto, há sempre duas frases que são repetidas com frequência:

**O futuro é incerto**

**×**

**Nós construímos o nosso futuro**

São duas visões e percepções diferentes que, de novo, têm relação com a nossa própria mentalidade e a maneira como encaramos os fatos. Talvez para as pessoas mais acomodadas ou que estão satisfeitas em ficar na zona de conforto faça muito mais sentido se apegar à primeira frase.

Agora, para as pessoas que estão realmente interessadas em deixar um legado ou que procuram gerar algum impacto no mercado, na profissão e até na própria vida, a segunda frase permite que a ação esteja nas próprias mãos.

**Estar atento ao processo evolutivo e às necessidades de disrupção pode ser exatamente o que fará com que sua empresa se destaque no seu setor de atuação.**

Assim, o futuro pode ser apenas uma questão de ponto de vista, porém é possível aproveitar essas duas visões se quisermos estar verdadeiramente preparados para o que virá. Afinal, é verdade que o futuro é incerto e que não conseguimos prever com convicção quais mudanças acontecerão em breve; no entanto, por que não nos prepararmos para isso e nos tornarmos a disrupção em nosso próprio setor?

As pessoas que têm a visão de que são capazes de construir o próprio futuro, são, efetivamente, mais propícias ao sucesso tanto na vida profissional como na pessoal. Além disso, quando levamos essa visão para uma organização, em geral estamos falando das organizações que ditam como o mercado vai se comportar.

A mudança vai acontecer – você querendo ou não – e, se você estiver apegado à visão de que o futuro é incerto e que, portanto, só vai observar, talvez você precise se transformar por necessidade. Em contrapartida, quando sabe que pode construir o futuro, você se torna um visionário e contribui para a transformação de todo um setor.

Essa visão de futuro é crítica para garantir o sucesso e a sustentabilidade do seu negócio a longo prazo. É importante estar preparado para enfrentar mudanças no mercado, novas tecnologias e outros desafios que possam surgir.

Destaco quatro razões pelas quais é importante ter essa mentalidade:

1. **Adaptabilidade:** como vimos, o mundo está sempre mudando e as empresas precisam ser flexíveis para se adaptar às novas demandas do mercado. Quando planejamos o futuro dos nossos negócios, podemos antecipar as tendências e mudanças e nos preparar para elas;

**Ainda que não seja um caminho fácil, a transformação por vontade própria é sempre a melhor opção.**

2. **Inovação:** a criação do futuro dos nossos negócios também nos dá a oportunidade de inovar e de criar novos produtos e serviços que possam diferenciar nossa empresa em relação à concorrência;
3. **Preparação para o futuro:** quando planejamos o futuro dos nossos negócios, é possível identificar possíveis problemas e ameaças e desenvolver estratégias para lidar com eles. Isso nos prepara para qualquer desafio que surgir no futuro;
4. **Tomada de decisão:** quando temos uma visão clara do futuro, ficamos mais seguros e confiantes na tomada de decisões estratégicas, como investir em novos projetos ou expandir nossas operações.

Em resumo, a criação do futuro dos nossos negócios é crucial para garantir o sucesso e a sustentabilidade a longo prazo. É uma tarefa constante que requer visão, planejamento e flexibilidade para enfrentar as mudanças no mercado e no mundo.

Um dos melhores conselhos que já recebi em relação ao que fazer para garantir o futuro da empresa veio de um cara que considero um mentor e que tenho o prazer de ter como investidor da Kumulus: Jens Montana. De certo modo, eu sempre tive esta visão, mas, ao ouvir essas palavras de alguém tão bem-sucedido e admirável, consolidei a crença e passo adiante sempre possível. Em sua vida profissional, você sempre deve olhar para as possibilidades de onde estará em três anos e se fazer as seguintes perguntas:

- Onde quero que a minha empresa esteja?
- Eu já tenho as ferramentas para chegar a esse objetivo?
- O que preciso fazer para me preparar para estar nesse lugar?

Lembre-se de que, enquanto estiver vivo, você tem a capacidade de construir o próprio futuro, e ter a visão clara dele e de qual é o caminho para chegar até ele fará toda a diferença.

Se a sua intenção, por exemplo, é expandir os negócios e começar a atender um mercado internacional, de que ferramentas precisa para que isso aconteça? Será necessário buscar networking global, educação global e preparo global para se tornar um líder com a capacidade que essa carga exigirá.

Você pode traçar um plano estratégico que envolva decisões como a definição de países que espera atender em uma fase inicial. Quais são os passos necessários para legalizar e estabelecer o seu negócio nesses países e garantir o sucesso das transações com esses novos clientes? Como posicionar seu produto ou serviço para atender às necessidades locais? Quais estratégias de marketing e vendas você deve adotar para gerar oportunidades nesse mercado? Quais competências sua equipe necessita ter para conseguir entregar seu produto e garantir atendimento aos novos clientes internacionais? Quanto mais claro você conseguir enxergar esse futuro, mais bem preparado estará para executar os passos necessários para chegar lá.

Os inovadores, os inconformados e os construtores de futuro estão acostumados a abrir mão da zona de conforto em nome de algo muito maior, que é a possibilidade de transformação.

## EVOLUIR É UMA QUESTÃO DE SOBREVIVÊNCIA

Embora existam diversos fatores que precisam ser levados em consideração para que uma mudança aconteça, muitas empresas acreditam que o momento de mudar está distante. As circunstâncias precisam ser propícias, é verdade – como foi o caso do iFood, que talvez não tivesse dado certo se tivesse sido lançado dez anos antes –, mas a evolução constante precisa ser o combustível para visões estratégicas.

No mundo dos negócios, somente por meio da transformação digital e do aprimoramento contínuo é possível atuar com mais segurança em direção ao futuro. Você pode começar adotando tecnologias mais atuais e, principalmente, as que não estejam dois ou três passos atrás da próxima mudança.

Perdi a conta de quantas vezes vi empresas preferindo não atualizar determinada plataforma ou processo por ser algo "muito complexo". Conforme vimos no início do capítulo, é verdade que aplicar mudanças pode ser um processo repleto de resistências e dificuldades; no entanto, sempre que decidirmos não dar um passo à frente, na verdade, na próxima mudança evolutiva, estaremos mais que um passo atrás.

Por isso tenho reforçado tanto a necessidade de adotar visões estratégicas. As empresas precisam entender que, em vez de esperar para se adaptar quando uma mudança se tornar uma questão de sobrevivência, elas precisam agir com antecedência para garantir o valor que entregam para o próprio cliente. Afinal, o seu negócio só sobrevive enquanto você entrega valor para ele.

Podemos não saber exatamente qual será a próxima onda de evolução, mas tenha a certeza de que ela envolverá tecnologia e que há muitas pessoas se preparando para isso. E você pode ser uma das que são capazes de construir esse futuro.

No capítulo anterior, falei que uma ferramenta interessante e um dos papéis do CEO deveria ser pensar em maneiras para destruir o próprio negócio. Mas como fazer isso na prática? Pensando em novos modelos de negócio e em alternativas mais atrativas ou inovadoras para entregar aquilo que você já entrega hoje.

Para isso, o primeiro passo é ter clareza sobre qual é o problema e a dor que você ou sua empresa resolvem. A maioria das startups malsucedidas falha porque cria soluções para problemas que não existem de verdade ou porque tenta atingir dores que não são latentes o suficiente a ponto de necessitar de uma criação de mercado.

Eu, por exemplo, tenho diversos investimentos em startups, mas não invisto em nenhuma que esteja em um setor com uma projeção de faturamento abaixo de 400 milhões de dólares. Por quê? Porque, se não existe um mercado minimamente concreto para aquilo, é bem provável que essas startups estejam procurando atender uma dor que não é tão urgente.

A identificação desse problema dependerá muito de seu conhecimento do setor; assim, antes de procurar avançar em qualquer área, é imprescindível compreender o mercado no qual você deseja atuar.

Depois, você deve buscar alternativas para transformar a maneira como esse problema ou dor tem sido resolvido até então, de preferência utilizando tecnologias para escalar e potencializar esse faturamento, assim como no exemplo do personal trainer que dei anteriormente.

Outro caminho interessante para pensar em alternativas para o que você já faz é analisando a concorrência, sobretudo se a abordagem dela é diferente da sua em algum ponto. Como você pode transformar e atacar o problema do cliente da sua concorrência? Que empresas em outros lugares do mundo fazem o que você faz hoje e como? Pesquise e compreenda todas as maneiras como o mercado tem buscado atacar essa dor ou problema que você também ataca. Pense em inovar: como você pode fazer diferente de outras empresas?

Procure, também, compreender como os clientes podem receber essa inovação, uma vez que eles já estão acostumados com outro modelo. Experimente. Teste. Colete dados. Teste a aderência financeira e também a qualidade do que você pretende criar. Além disso, saiba que é bem provável que você precise readequar o modelo de negócios a cada teste.

Se você não sabe, a Movile, empresa proprietária do iFood, criou mais de trinta aplicativos[11] diferentes antes de chegar no iFood. Uma parte da ideia surgiu ao observar modelos de negócios parecidos na China e na Índia, dois países bastante inovadores, em parte por serem bem populosos e, consequentemente, por enfrentarem uma grande quantidade de dores e problemas a serem resolvidos em larga escala.

Conseguir analisar e enxergar os movimentos do mercado é o que lhe dará repertório suficiente para criar novos modelos de negócios. Saber a dor é a prerrogativa básica, mas a criatividade para inovar virá da sua visão estratégica para solucionar esse problema dentro da nova economia digital.

---

**11** MACHADO, A. P. Como é administrar uma "startup" gigante como a Movile, dona do iFood e líder em marketplace na América Latina. **Projeto Draft,** 25 ago. 2017. Disponível em: https://www.projetodraft.com/como-e-administrar-uma-startup-gigante-como-a-movile-dona-do-ifood-e-lider-em-marketplace-na-america-latina/. Acesso em: 25 jun. 2023.

A evolução constante precisa ser o combustível para visões estratégicas.

# CAPÍTULO 4

# O FUTURO DAS EMPRESAS

Até aqui pudemos reafirmar que o mundo está em constante mudança e que, por isso, as empresas precisarão se adaptar para sobreviver e prosperar. Além disso, as tendências e os hábitos de consumo das pessoas estão mudando, a tecnologia está avançando em um ritmo acelerado e as questões ambientais e sociais estão ganhando cada vez mais relevância.

Diante desse cenário, é preciso refletir sobre o futuro das empresas e o que será necessário para que elas se mantenham relevantes e sustentáveis. Neste capítulo, meu objetivo é apresentar uma visão sobre as empresas do futuro e trazer as principais tendências que vão moldar o cenário empresarial nos próximos anos.

E por que é importante falar sobre isso?

As empresas são um dos principais motores da economia global, e o seu papel é fundamental para o desenvolvimento da sociedade. Por isso, é essencial refletir sobre o futuro e sobre como elas podem se adaptar às mudanças que ocorrem no mundo.

Além disso, é preciso pensar nas próximas gerações e nas suas expectativas em relação às empresas. Os jovens de hoje têm uma visão de mundo diferente das gerações anteriores e esperam que as empresas atuem de modo mais responsável e sustentável. As empresas que não estiverem alinhadas a essas expectativas correm o risco de perder a preferência dos consumidores do futuro.

Por essas razões, acredito ser fundamental refletir sobre as empresas do futuro e as tendências que vão moldar o cenário empresarial nos próximos anos. É preciso pensar em novos modelos de negócio, em tecnologias que tornem as empresas mais eficientes e sustentáveis, e em práticas de gestão e cultura empresarial que promovam a inovação e a responsabilidade social.

Isso sem contar que falar sobre as empresas do futuro pode ser uma fonte de inspiração para empreendedores e gestores, que podem encontrar novas oportunidades de negócio e ideias para inovar em suas empresas.

Quero que você compreenda, por todas essas razões, que falar sobre as empresas do futuro é fundamental para que as empresas de hoje possam se adaptar às mudanças do mundo, mantendo-se relevantes e sustentáveis. Penso que este livro pode contribuir para essa reflexão e inspirar novas práticas e ideias para as empresas do futuro.

## EMPRESAS DO FUTURO

Talvez você esteja se perguntando: "Mas, afinal, o que é uma empresa do futuro?".

E é importante fazer essa reflexão, porque pensar no futuro da sua empresa é diferente de idealizar uma empresa do futuro. Afinal, ainda estamos em processo de evolução e não temos todas as informações determinantes para adaptar nossos negócios.

Ainda assim, vale a pena estar atento para o fato de que o futuro das empresas será moldado por diversos fatores, mas há certas características que serão comuns às empresas que se destacarão nesse novo cenário. Nas próximas páginas, mostrarei a você o que é uma empresa do futuro e quais são as suas principais características.

Uma empresa do futuro é aquela que está preparada para enfrentar as mudanças e os desafios que virão nos próximos anos.

É inovadora, sustentável e responsável socialmente e, além disso, tem uma visão de longo prazo em relação aos seus negócios.

Empresas do futuro conseguem antecipar as mudanças do mercado e se adaptar rapidamente a elas. São ágeis, flexíveis e têm uma cultura empresarial que valoriza a inovação e a criatividade. A seguir, algumas características que tornam uma empresa relevante:

- **Inovação:** empresas inovadoras serão valorizadas cada vez mais no futuro, pois serão capazes de criar soluções e produtos que atendam às demandas dos consumidores e do mercado. No capítulo 6, mostrarei como fazer isso de uma maneira mais aprofundada;
- **Sustentabilidade:** empresas que adotam práticas sustentáveis e se preocupam com o impacto ambiental e social de seus negócios serão valorizadas cada vez mais. A sustentabilidade será uma exigência cada vez maior dos consumidores e da sociedade como um todo;
- **Responsabilidade social:** empresas que têm uma postura ética e responsável em relação à sociedade e às comunidades onde atuam terão mais chances de se destacar no futuro. A responsabilidade social também será uma exigência dos consumidores e da sociedade. A Ben & Jerry's, por exemplo, é uma das empresas que está aplicando a tendência de responsabilidade social em seus negócios. A empresa desenvolve produtos sustentáveis para promover a justiça social e ambiental. Além disso, realiza doações para organizações sem fins lucrativos e promove a participação cívica de seus clientes;

- **Cultura empresarial:** empresas que têm uma cultura empresarial que valoriza a inovação, a criatividade, a diversidade e a inclusão terão mais chances de se destacar no futuro. A cultura empresarial é fundamental para a atração e retenção de talentos, além de ser um fator importante para a inovação e o desenvolvimento de novos negócios;
- **Flexibilidade e adaptação:** empresas capazes de se adaptar rapidamente às mudanças do mercado e às novas demandas dos consumidores terão mais chances de se destacar no futuro. A flexibilidade e a adaptação são fundamentais em um cenário de mudanças rápidas e constantes.

Essas são apenas algumas das características que tornam uma empresa relevante no cenário empresarial do futuro. É claro que cada instituição terá suas particularidades, mas é importante que todas estejam atentas às tendências e aos desafios que estão por vir para que, assim, se preparem para enfrentá-los.

Além disso, devemos considerar que as características culturais e de gestão serão de extrema importância para o sucesso de uma empresa do futuro. Isso quer dizer que uma empresa do futuro deve ter uma cultura empresarial que promova todas essas características que já mencionei: inovação, criatividade, diversidade e inclusão, além de uma gestão eficiente e transparente.

Uma cultura empresarial inovadora e criativa é essencial para que a empresa possa desenvolver novos produtos e serviços e se adaptar às mudanças do mercado. A diversidade e a inclusão são importantes para a criação de um ambiente de trabalho saudável e produtivo, além de serem fundamentais para a atração e retenção de talentos.

Uma gestão eficiente e transparente será primordial para a tomada de decisões estratégicas e para o desenvolvimento de uma visão de longo prazo para a empresa. Além disso, uma gestão transparente é importante para a criação de uma relação de confiança com os *stakeholders* da empresa, assim como os clientes, fornecedores e investidores.

Outras características das empresas do futuro são:

- **Foco no cliente:** tem se tornado um dos principais diferenciais competitivos entre as empresas e, portanto, essa também deve ser uma característica das empresas do futuro.
  Ter foco no cliente significa entender as necessidades e os desejos dos consumidores e criar soluções que atendam a essas demandas. Uma empresa que não coloca o cliente em primeiro lugar corre o risco de perder sua relevância no mercado;
- **Tecnologia e inovação:** serão fundamentais para o sucesso das empresas do futuro. As empresas devem estar atentas às novas tecnologias e às tendências do mercado para poder desenvolver soluções inovadoras que atendam às necessidades dos consumidores.
  A inteligência artificial, a internet das coisas e a realidade aumentada são apenas algumas das tecnologias que estão transformando o mercado. As empresas que conseguirem aplicá-las de modo eficiente em seus negócios terão mais chances de se destacar no futuro;
- **Sustentabilidade e responsabilidade social:** esses dois aspectos serão cada vez mais importantes para as empresas do futuro. Afinal, os consumidores estão cada vez mais exigentes em relação ao impacto ambiental e social das empresas, e as empresas que não adotarem

práticas sustentáveis e responsáveis socialmente correm o risco de perder sua relevância no mercado.
Além disso, a sustentabilidade e a responsabilidade social podem trazer benefícios para a empresa, como a redução de custos e a melhoria da reputação da marca.

As características que apresento aqui serão os diferenciais para as empresas que desejam se tornar relevantes no cenário empresarial do futuro. É claro que, para poder aplicar todos esses conceitos, cada empresa deverá analisar suas particularidades e desenvolver as características mais interessantes para o próprio negócio.

Por isso, lembre-se:

> A chave para o sucesso no futuro é a adaptação às mudanças e a busca constante pela inovação e pela excelência.

## TENDÊNCIAS DE CONSUMO E O IMPACTO NO CENÁRIO EMPRESARIAL DO FUTURO

Como vimos no início do livro, o comportamento dos consumidores está em constante evolução e, a partir disso, as empresas precisam estar atentas a essas mudanças para poder atender às demandas do mercado. A seguir, apresento as principais tendências de consumo que estão moldando o cenário empresarial do futuro e que você pode começar a considerar desde já para transformar a sua empresa.

### Personalização

Não é novidade para ninguém que os consumidores estão cada vez mais exigentes em relação às experiências de compra.

A chave para
o sucesso
no futuro é
a adaptação
às mudanças
e a busca
constante
pela inovação
e pela
excelência.

Eles esperam que as empresas ofereçam soluções personalizadas que atendam às suas necessidades e preferências. Assim, as empresas que conseguirem oferecer uma experiência de compra personalizada terão mais chances de se destacar no mercado.

Essa personalização pode ser feita, por exemplo, por meio da oferta de produtos e serviços sob medida, da criação de benefícios exclusivos para cada cliente e da comunicação direcionada para cada perfil de consumidor.

## Experiência do cliente

É um dos fatores mais importantes para a fidelização dos consumidores. Afinal, eles esperam uma experiência de compra fácil, rápida e agradável, desde o momento em que entram no estabelecimento ou acessam o site ou o app da empresa até a entrega do produto ou finalização do serviço.

As empresas que investirem na personalização e na experiência do cliente terão mais chances de conquistar e fidelizar os consumidores da geração Z, por exemplo, que têm uma relação muito mais próxima com a tecnologia e estão acostumados a ter soluções sob medida para suas necessidades.

## Compra on-line

Tem se tornado cada vez mais popular entre os consumidores e, logo, as empresas precisam estar preparadas para atender a essa demanda. Falar sobre a compra on-line pode parecer óbvio, mas o que quero que você tenha em mente aqui é que aquelas empresas que conseguirem oferecer essa experiência de compra de maneira fácil, segura e rápida terão mais chances de se destacar no mercado.

Além disso, as empresas devem estar atentas às tendências do comércio eletrônico, como a utilização de marketplaces e a integração entre as lojas on-line e as lojas físicas.

## Conceito *omnichannel*

Se a compra on-line continua sendo uma tendência importante para o futuro, a integração entre as lojas on-line e físicas tem se tornado cada vez mais relevante. Chamamos essa estratégia de *omnichannel*: uma tendência do varejo que tem o intuito de concentrar todos os canais utilizados por uma única empresa, a fim de melhorar a experiência do usuário e aprimorar o relacionamento com o público a partir de diversos pontos de contato.

Os consumidores da geração Z são muito mais adeptos da compra on-line do que as gerações anteriores e esperam uma experiência de compra fácil e rápida (ou seja, mais conveniência), independentemente do canal utilizado.

As empresas que conseguirem integrar suas lojas on-line e físicas e oferecer soluções *omnichannel* terão mais chances de conquistar e fidelizar os consumidores dessa geração.

## Consumo consciente e responsabilidade social

O consumo consciente tem se tornado cada vez mais importante para os consumidores, e as empresas que adotarem práticas sustentáveis e responsáveis socialmente terão mais chances de se destacar no mercado e de atrair e fidelizar os consumidores da geração Z, uma grande parcela dos consumidores atualmente.

Uma das tendências de consumo mais importantes para o futuro, além do consumo consciente, é a responsabilidade social. Os consumidores estão cada vez mais exigentes em relação ao impacto ambiental e social das empresas e esperam que elas adotem práticas sustentáveis e responsáveis em seus negócios.

Além disso, os consumidores da geração Z tendem a escolher produtos e marcas alinhados com seus valores e crenças, evitando marcas que não estejam comprometidas com esses preceitos.

## Autenticidade e propósito

As novas gerações, em especial a geração Z, valorizam muito a autenticidade e o propósito das marcas. Esses consumidores esperam que as empresas tenham um propósito claro e bem definido, além de estarem comprometidas com a responsabilidade social e a sustentabilidade, como falei anteriormente.

Além disso, valorizam a autenticidade e a transparência das marcas e esperam que as empresas sejam honestas e verdadeiras em sua comunicação e em suas práticas de negócios.

As empresas que conseguirem demonstrar autenticidade, transparência e compromisso com um propósito claro terão mais chances de conquistar e fidelizar esses consumidores, que são muito mais exigentes em relação a esses aspectos do que as gerações anteriores.

## Diversidade, inclusão e consciência social

Outra tendência social importante para o futuro das empresas é a tríade diversidade, inclusão e consciência social. Pensando no futuro do consumo, essa pauta é particularmente relevante para as novas gerações. E, assim, os consumidores do futuro esperam que as empresas tenham uma postura inclusiva, diversa e consciente em relação a seus funcionários, parceiros e clientes.

As empresas que adotarem práticas inclusivas e diversas terão mais chances de atrair e fidelizar os consumidores, por exemplo, da geração Z, que valorizam muito a diversidade e a inclusão em todos os aspectos da vida.

## Influenciadores digitais

Os influenciadores digitais ou *creators* tornaram-se uma tendência importante para o futuro do consumo e do marketing. Os novos consumidores tendem a seguir influenciadores digitais em redes sociais e valorizam suas opiniões e recomendações.

É importante começar a reconhecer o valor de marketing que essas pessoas oferecem, pois são capazes de influenciar a tomada de decisão de compra. Assim, as empresas que conseguirem estabelecer parcerias com influenciadores digitais relevantes para seu público-alvo terão mais chances de conquistar e fidelizar os consumidores da geração Z, que tendem a valorizar mais as opiniões dos influenciadores do que a publicidade tradicional.

## Consumo colaborativo

É uma tendência importante para o futuro, especialmente entre as novas gerações. E os consumidores da geração Z tendem a valorizar mais a colaboração do que a competição. Assim, eles esperam que as empresas também adotem práticas colaborativas em seus negócios.

As empresas que conseguirem desenvolver soluções de consumo colaborativo, como plataformas de compartilhamento e de troca de produtos e serviços, terão mais chances de atrair e fidelizar esses consumidores da geração Z.

## Autonomia e liberdade de escolha

As novas gerações também valorizam muito a autonomia e a liberdade de escolha em relação ao consumo. Os consumidores da geração Z tendem a valorizar a possibilidade de personalizar suas escolhas, mas também de poder escolher entre diversas opções sem que se sintam "amarrados" a uma delas.

Assim, aquelas empresas que conseguirem oferecer soluções que permitam a personalização e a escolha livre terão mais chances de conquistar e fidelizar os consumidores do futuro, que esperam ter controle sobre suas escolhas e decisões.

## Consumo sob demanda

Não temos como falar sobre o futuro do consumo sem compreendermos o que é o consumo sob demanda. Essa tendência importante para o futuro está intimamente relacionada aos modelos *as a service*.

Mas o que é isso, afinal? O consumo sob demanda se refere à ideia de que os consumidores querem acessar produtos e serviços de acordo com suas necessidades imediatas, sem a intenção de possuir esses bens ou serviços de maneira permanente. Em outras palavras, os consumidores estão interessados em soluções que lhes permitam acessar bens e serviços sob demanda, pagando apenas pelo que utilizam e sem a necessidade de investir em recursos próprios.

Essa tendência se manifesta de diversas maneiras no mercado, como no caso da Uber, mencionado anteriormente, e do Lyft, que possibilitam que os consumidores tenham acesso ao transporte sob demanda, não sendo necessário ter carro próprio. Além disso, serviços de aluguel de curto prazo, como o aluguel de bicicletas, patinetes e carros, estão se tornando cada vez mais populares entre os consumidores que valorizam a flexibilidade e a praticidade.

**Outra tendência social importante para o futuro das empresas é a tríade diversidade, inclusão e consciência social.**

Outro ponto interessante é que o consumo sob demanda também se manifesta em relação a produtos culturais, como filmes, séries e música. Não é à toa que o streaming se tornou uma tendência importante para o consumo desses produtos, oferecendo aos consumidores acesso a conteúdos sob demanda, sem necessidade de comprá-los de modo permanente. Isso também se aplica aos softwares, como os de produtividade e de design, que podem ser acessados por meio de assinaturas mensais ou anuais.

Esse consumo sob demanda está se tornando cada vez mais relevante para as novas gerações, que tendem a valorizar a flexibilidade e a praticidade em suas escolhas de consumo.

Essas são algumas das tendências de consumo que estão moldando o cenário empresarial do futuro, considerando as novas gerações. Daí a importância das empresas se adaptarem a essas mudanças para oferecer soluções que atendam às necessidades e às expectativas das novas gerações. Esse é o caminho para que elas tenham mais chances de se destacar no mercado e de prosperar no futuro.

E por falar em novas gerações, acredito ser importante esclarecer aqui o que podemos esperar do futuro enquanto sociedade. Com a queda da taxa de natalidade[12] em diversos países ao redor do mundo e com a mudança de hábitos das novas gerações em relação à formação de família, é preciso pensar em como isso impactará as empresas do futuro. A baixa

---

**12** GALLAGHER, J. 'Quase metade dos países tem nascimentos insuficientes para evitar declínio da população.' **BBC News**, 9 nov. 2018. Disponível em: https://www.bbc.com/portuguese/geral-46149577. Acesso em: 25 jun. 2023.

natalidade tem implicações importantes para a estrutura demográfica e de consumo, o que exigirá das empresas uma nova abordagem.

Um dos principais impactos da baixa natalidade é o envelhecimento da população. Com menos crianças nascendo, há menos jovens para sustentar a população idosa em termos econômicos e sociais. Isso pode levar ao aumento da pressão sobre os sistemas de seguridade social e saúde, bem como à redução na força de trabalho disponível para as empresas.

Outro impacto importante disso é a mudança nos hábitos de consumo sobre a qual falei anteriormente. Com menos crianças nascendo, há menos demanda por produtos e serviços relacionados à infância, como brinquedos, roupas e alimentos infantis. Além disso, as novas gerações tendem a ter hábitos de consumo diferentes dos seus pais e avós, com maior ênfase na experiência e na sustentabilidade. Por isso tenho reiterado que as empresas precisam estar atentas às mudanças e saber como adaptar seus produtos e serviços para atendê-las.

Também é importante destacar que as novas gerações têm demonstrado menor desejo de ter filhos em relação às anteriores. Esse fenômeno pode ser explicado por diversos fatores, como a mudança de prioridades, o aumento do custo de vida e a preocupação com o impacto ambiental. Essa diminuição pode levar à baixa demanda por produtos e serviços relacionados à família, além de exigir das empresas uma nova abordagem em termos de recrutamento e gestão de talentos.

Com a baixa natalidade e a diminuição da taxa de fecundidade, a população em muitos países está envelhecendo e se tornando menos numerosa. Isso pode ter impacto significativo na economia como um todo. Ter uma população em envelhecimento significa que há mais pessoas aposentadas ou em vias de se aposentar do que ativas. Isso pode levar a uma diminuição na produtividade e um aumento nos custos trabalhistas, já que os trabalhadores mais experientes tendem a ganhar mais. Isso é particularmente difícil para as pequenas e médias empresas, que muitas vezes dependem de trabalhadores experientes e com habilidades específicas.

A queda na taxa de fecundidade também pode ter impacto negativo em setores específicos da economia. Por exemplo, empresas que dependem do setor de brinquedos, roupas infantis ou produtos para bebês podem sentir os efeitos da diminuição da demanda por esses produtos. Do mesmo modo, empresas que produzem produtos alimentícios para crianças e bebês também podem enfrentar desafios.

A baixa natalidade, no entanto, pode levar oportunidades para as empresas que são capazes de se adaptar às mudanças. Por exemplo, a queda na demanda por produtos para bebês pode abrir espaço para produtos mais sustentáveis e voltados para a saúde, bem como serviços voltados para pessoas idosas ou que não têm filhos.

Assim, o que quero que você perceba a partir de tudo isso é que o importante é estar atento aos acontecimentos e disposto a se adaptar conforme necessário. Não temos como prever o futuro milimetricamente, mas podemos nos preparar para construir uma empresa do futuro desde que estejamos dispostos a observar e tomar atitudes em direção às mudanças.

## SUSTENTABILIDADE, RESPONSABILIDADE SOCIAL E ESG

**AS EMPRESAS QUE SE ADAPTAM ÀS MUDANÇAS E APROVEITAM AS OPORTUNIDADES APRESENTADAS PELAS NOVAS TENDÊNCIAS DEMOGRÁFICAS PROSPERARÃO NO FUTURO.**

Como vimos anteriormente, a sustentabilidade e a responsabilidade social são questões importantes para o futuro das empresas. À medida que as mudanças climáticas se tornam mais evidentes e a sociedade se torna mais consciente de sua responsabilidade com o meio ambiente, as empresas têm papel fundamental na construção de um futuro mais sustentável.

A adoção dessas práticas ajuda as empresas a reduzir seus impactos ambientais e sociais, a aumentar a eficiência operacional e a criar valor para a sociedade como um todo.

A seguir, quero trazer para você algumas das principais tendências e práticas empresariais relacionadas à sustentabilidade para que você e sua empresa possam começar a dar passos mais sustentáveis em seus negócios.

### Energia renovável

A utilização de energia renovável é uma das principais tendências empresariais relacionadas à sustentabilidade. As empresas que utilizam energia renovável em suas operações têm mais chances de reduzir seus impactos ambientais e aumentar a eficiência energética.

Algumas empresas, como a Apple e o Google, por exemplo, estão investindo em projetos de energia renovável, como a construção de parques eólicos e solares. Além disso, outras estão buscando maneiras de utilizar energia renovável em suas operações diárias com a utilização de painéis solares em prédios e instalações.

A Tesla é uma das empresas que está aplicando a tendência de energia renovável em seus negócios. Ela fabrica veículos elétricos e baterias que utilizam energia renovável, como a energia solar e eólica, para reduzir os impactos ambientais de seus produtos. Além disso, está investindo em projetos de energia renovável, como a construção de parques solares e a instalação de painéis solares em seus prédios.

## Economia circular

Essa é mais uma prática empresarial relacionada à sustentabilidade. Ela se baseia na ideia de que os recursos devem ser utilizados de modo mais eficiente, reduzindo o desperdício e a poluição.

Algumas empresas estão adotando a economia circular, desenvolvendo produtos a partir de materiais reciclados ou recicláveis. Além disso, muitas delas buscam maneiras de reduzir o desperdício em suas operações, por exemplo, utilizando embalagens sustentáveis e reduzindo o consumo de água e energia.

A Patagonia, por exemplo, está aplicando a tendência de economia circular em seus negócios. A empresa desenvolve produtos sustentáveis, como roupas feitas a partir de materiais reciclados, e incentiva seus clientes a reparar e reciclar seus produtos. Além disso, a empresa está buscando jeitos de reduzir o consumo de água e energia em suas operações e de promover a sustentabilidade em toda a sua cadeia de suprimentos.

## Transparência e prestação de contas

Essas são outras práticas empresariais importantes relacionadas à sustentabilidade. Elas se baseiam na ideia de que as empresas devem ser transparentes em relação às suas operações e impactos ambientais e sociais, além de prestar contas à sociedade. Como fazer isso? Publicando relatórios e informações sobre suas operações e impactos ambientais e sociais.

Outra prática interessante é a adoção de padrões nacionais e internacionais de transparência, além da criação de mecanismos de auditoria independentes.

A Natura, por exemplo, aplica a tendência de transparência e prestação de contas em seus negócios. Anualmente, publica relatórios de sustentabilidade e é auditada por empresas independentes. Além disso, busca meios de melhorar a transparência em toda a sua cadeia de suprimentos, desde a extração de matérias-primas até a produção e o descarte de seus produtos.

## Inovação e sustentabilidade

Já falamos sobre a importância da inovação, mas aqui o foco é em como a inovação desempenha um papel importante na construção de um futuro mais sustentável. As empresas que inovam e desenvolvem soluções nesse quesito têm mais chances de se destacar no mercado e de contribuir para a construção de um futuro melhor. Muitas delas estão buscando maneiras de utilizar a inovação para promover a sustentabilidade em seus setores, como a criação de parcerias e redes de colaboração com outras empresas e organizações.

A Interface é um exemplo de empresa que aplica a tendência de inovação e sustentabilidade em seus negócios. Ela desenvolve produtos sustentáveis, como carpetes feitos a partir de materiais reciclados, e utiliza a inovação para reduzir o consumo de água e energia em suas operações. Além disso, promove a sustentabilidade em todo o setor de construção por meio de parcerias e iniciativas de colaboração com outras empresas e organizações.

Os exemplos que apresentei são apenas alguns entre as diversas empresas que aplicam as tendências que apresento neste livro. No entanto, há muitas outras que estão buscando modos de tornar seus negócios mais sustentáveis e responsáveis. Elas podem servir de inspiração para o seu negócio.

Agora, quero abordar um tema que se tornou muito popular nos últimos tempos e que precisa estar no radar dos empresários e gestores que quiserem se aprofundar na temática de sustentabilidade e responsabilidade social.

Nos últimos anos, o tema ESG (sigla em inglês para *environmental, social and governance*, conhecida, em português, como sustentabilidade ambiental, social e governança corporativa) tem sido cada vez mais discutido no mundo dos negócios. A adoção de práticas ESG se tornou prioridade para as empresas que buscam se tornar mais sustentáveis e socialmente responsáveis. Essas práticas referem-se a uma série de critérios ambientais, sociais e de governança que as empresas devem levar em consideração ao tomar decisões estratégicas e operacionais. Esses critérios podem incluir questões como a pegada de carbono, o uso responsável de recursos naturais, a diversidade e a inclusão, a gestão responsável da cadeia de suprimentos, a ética nos negócios, entre outras.

**As empresas precisam estar atentas às mudanças e saber como adaptar seus produtos e serviços para atendê-las.**

Adotar práticas ESG traz muitos benefícios para as empresas, por exemplo: melhora a reputação, atrai investidores e clientes, reduz custos operacionais e minimiza riscos legais e regulatórios. Além disso, a adoção dessas práticas promove mais inovações, uma vez que as empresas que buscam soluções sustentáveis muitas vezes precisam adotar novas tecnologias e modelos de negócios.

A adoção de práticas ESG, no entanto, também pode ser desafiadora, pois muitas vezes requer mudanças significativas na cultura e nas operações da empresa, que precisa estar comprometida em realizar tais mudanças para se tornar mais sustentável e socialmente responsável, além de garantir que essas transformações sejam sustentáveis a longo prazo.

Os consumidores estão cada vez mais conscientes de questões ambientais e sociais e estão mais propensos a apoiar empresas que adotam práticas sustentáveis. Consequentemente, os investidores também estão prestando mais atenção ao desempenho ESG das empresas, uma vez que a adoção de suas práticas pode ser um indicador de desempenho financeiro a longo prazo.

Em resumo, a adoção de práticas ESG é uma das principais tendências que as empresas do futuro enfrentarão. As que adotarem tais práticas terão uma vantagem competitiva significativa em relação aos concorrentes que não o fizerem e estarão mais bem posicionadas para enfrentar os desafios e aproveitar as oportunidades do futuro.

Caso ainda não esteja convencido, apresento a seguir alguns exemplos e resultados de empresas que já estão adotando essa prática e obtendo resultados significativos em termos de *valuation* (termo utilizado para avaliação e valoração de empresas) e ROI (retorno sobre o investimento).

- **Tesla:** é uma das empresas líderes em energia renovável e veículos elétricos. A empresa tem se concentrado em reduzir sua pegada de carbono, aumentar a eficiência energética e criar soluções de mobilidade sustentáveis. Como resultado, a Tesla tem um *valuation* significativamente maior do que outras montadoras de automóveis tradicionais;
- **Unilever:** é uma empresa de bens de consumo que tem se concentrado em melhorar a sustentabilidade de suas operações, reduzindo o desperdício e a pegada de carbono e investindo em soluções inovadoras de embalagem. A Unilever tem obtido retornos significativos em termos de *valuation* e ROI e tem sido reconhecida por sua liderança em sustentabilidade;
- **Patagonia:** é uma empresa de roupas e equipamentos de atividades ao ar livre que tem focado práticas de sustentabilidade em todas as áreas da empresa, desde a produção até a gestão da cadeia de suprimentos. É elogiada por sua liderança em sustentabilidade e tem obtido retornos financeiros significativos.

Levando esses exemplos em consideração, as empresas que desejam começar a adotar práticas ESG, precisam, em primeiro lugar, avaliar sua pegada ambiental, social e de governança. O uso de recursos naturais, a diversidade e a inclusão, a ética nos negócios, a gestão de riscos e outros fatores podem estar inclusos.

O passo seguinte é criar um plano de ação para melhorar o desempenho ESG da empresa. Isso inclui definir metas de redução na emissão de carbono, estabelecer políticas de inclusão e diversidade, implementar práticas éticas de negócios e gestão de riscos, entre outras ações.

Além disso, é importante envolver funcionários, fornecedores e outras partes interessadas na jornada ESG da empresa. Isso pode incluir fornecer treinamento e educação sobre práticas sustentáveis, colaborar com fornecedores para melhorar a sustentabilidade da cadeia de suprimentos e envolver os funcionários em programas de voluntariado e atividades comunitárias.

É importante, por fim, monitorar e relatar o desempenho ESG regularmente, a fim de acompanhar o progresso em relação às metas estabelecidas e identificar áreas que precisam de melhoria.

Assim, resumindo didaticamente, para aplicar o ESG dentro da empresa, é necessário seguir alguns passos básicos.

1. Avaliar o desempenho da empresa em relação a cada critério ESG: ambiental, social e de governança. Para isso, é possível utilizar ferramentas de avaliação de desempenho, como os relatórios de sustentabilidade, que permitem monitorar e relatar os resultados da empresa a respeito desses critérios;
2. Em seguida, é importante criar um plano de ação para melhorar o desempenho da empresa em cada um desses pontos. Se a empresa identificar, por exemplo, que tem um alto consumo de energia, pode estabelecer metas para reduzir sua pegada de carbono e implementar práticas mais sustentáveis, como a adoção de fontes de energia renovável;
3. No caso dos critérios sociais, é importante avaliar o desempenho da empresa em relação a fatores como

diversidade e inclusão, segurança e saúde no trabalho, relações com a comunidade, entre outros. A partir dessa avaliação, é possível definir um plano de ação para melhorar o desempenho da empresa nesses aspectos, criando políticas inclusivas, programas de treinamento e capacitação para os funcionários e realizando atividades de responsabilidade social;

4. Em relação aos critérios de governança, vale avaliar a eficácia dos mecanismos de gestão da empresa, como o conselho de administração, a auditoria interna e externa e as políticas de *compliance*. Partindo dessa avaliação, define-se um plano de ação para melhorar a eficácia desses mecanismos, como criar um código de ética e conduta, implementar políticas de transparência e adotar práticas de gestão de riscos;
5. Uma vez estabelecido o plano de ação, é importante implementá-lo de maneira consistente e monitorar o progresso em relação às metas estabelecidas. É importante, também, envolver os funcionários e outras partes interessadas na implementação do plano, de modo a garantir que as ações sejam sustentáveis e eficazes a longo prazo;
6. Por fim, é importante relatar o desempenho ESG da empresa regularmente, a fim de mostrar aos *stakeholders* os resultados obtidos e as melhorias alcançadas. Isso pode ser feito por meio de relatórios de sustentabilidade, balanços sociais ou outros meios de comunicação que sejam relevantes para eles.

Aplicar o ESG é um processo complexo, mas pode trazer muitos benefícios para a empresa, os seus *stakeholders* e o meio ambiente. A seguir, alguns exemplos de como aplicar cada ponto do ESG de maneira prática.

## Ambiental

Uma das maneiras mais práticas de aplicar o critério ambiental é adotando práticas de eficiência energética, como a utilização de energia renovável, o uso de iluminação LED, a instalação de equipamentos mais eficientes e o monitoramento e controle de consumo de energia. Além disso, a empresa pode adotar práticas de gestão de resíduos, como a reciclagem de materiais, a reutilização de água e a redução do consumo de materiais descartáveis.

Conforme mencionei anteriormente, a Natura é um exemplo de empresa que adota práticas ambientais, pois tem compromisso com a redução de sua pegada de carbono e com o uso de materiais renováveis em sua cadeia de produção. A empresa utiliza fontes de energia renovável em suas fábricas e investe em tecnologias mais eficientes para reduzir o consumo de energia.

## Social

Uma das maneiras de aplicar o critério social é investindo em programas de diversidade e inclusão, como a promoção de políticas de equidade salarial, a criação de projetos de capacitação e treinamento para funcionários de diferentes perfis e a promoção de uma cultura de respeito e tolerância. Além disso, a empresa pode investir em programas de responsabilidade social, como ações de voluntariado e a criação de projetos para atender às necessidades da comunidade local.

**A adoção de práticas ESG é uma das principais tendências que as empresas do futuro enfrentarão.**

Destaco a Patagonia como empresa que adota práticas sociais e promove uma cultura de diversidade e inclusão em todas as suas áreas, desde a produção até a gestão de recursos humanos. Ela também investe em projetos de responsabilidade social em todo o mundo, como ações para proteção do meio ambiente e apoio a comunidades locais.

## Governança

Uma maneira prática de aplicar o critério de governança é implementando políticas de transparência e *compliance*, como a criação de um código de ética e conduta, a adoção de práticas de gestão de riscos e a realização de auditorias internas e externas. Além disso, a empresa pode promover a independência e a diversidade do conselho de administração e garantir que as decisões sejam tomadas de maneira ética e transparente.

A Novo Nordisk é um exemplo de empresa que adota práticas de governança. Ela tem um conselho de administração independente e diversificado, políticas de gestão de riscos e auditorias internas e externas regulares. A empresa também tem forte compromisso com a ética e a transparência em todas as áreas de sua operação.

Em resumo, aplicar os critérios ESG de maneira prática envolve a adoção de medidas concretas em cada uma dessas áreas, desde a gestão de energia e resíduos até a promoção da diversidade e inclusão e a adoção de políticas de transparência e *compliance*. Os exemplos de empresas como os que eu apresentei aqui mostram como é possível aplicar essas práticas de maneira eficaz e obter benefícios significativos em termos de resultados financeiros e impacto social e ambiental positivo.

## CULTURA E MODELO DE GESTÃO DAS EMPRESAS DO FUTURO

Para implementar tudo o que tenho trazido neste capítulo e se adaptar às mudanças do mercado e da sociedade, as empresas do futuro precisam de uma cultura forte e de um modelo de gestão flexível. A cultura de inovação e colaboração é fundamental, incentivando a experimentação e a busca por soluções criativas, além de promover a colaboração entre equipes e departamentos para alcançar objetivos comuns.

O Google é um exemplo significativo de empresa que adota uma cultura de inovação e colaboração. Incentiva seus funcionários a trabalhar em projetos pessoais e experimentar novas ideias, o que resultou em produtos como o Google Maps e o Gmail. Além disso, a empresa tem uma cultura de colaboração, com equipes multidisciplinares trabalhando juntas para resolver problemas complexos.

Como já vimos, outra característica importante das empresas do futuro é a ênfase na diversidade e inclusão. Assim, elas devem reconhecer a importância da diversidade na força de trabalho e procurar criar ambientes de trabalho inclusivos e acolhedores para pessoas de diferentes origens e identidades. Isso não apenas cria uma cultura mais justa e equitativa mas também permite uma força de trabalho mais criativa e inovadora.

A Danone, voltada para o setor alimentício, é um exemplo de empresa que adota a cultura de diversidade e inclusão. Ela tem uma política de contratação inclusiva e diversa, além de uma estratégia de sustentabilidade que visa melhorar a saúde e o bem-estar das pessoas e do planeta.

Por fim, as empresas do futuro precisam adotar um modelo de gestão flexível que permita a adaptação a todas essas mudanças do mercado e da sociedade. Isso inclui a adoção de práticas ágeis, como a metodologia Scrum,[13] e a utilização de ferramentas de gestão de projetos e colaboração, como o Trello e o Slack, por exemplo.

Se adotarem essas práticas, as empresas estarão mais bem preparadas para enfrentar os desafios do futuro e garantir seu sucesso a longo prazo. Mas talvez você esteja se perguntando como fazer isso.

Para ter uma cultura forte, as empresas precisam investir em comunicação clara e efetiva, transparência e confiança entre liderança e funcionários. A comunicação deve ser aberta e constante, promovendo o diálogo entre as partes envolvidas e garantindo que todos estejam alinhados com a missão, a visão e os valores da empresa.

Além disso, as empresas devem incentivar a formação de equipes multidisciplinares que possam trabalhar em conjunto para resolver problemas complexos e propor soluções criativas. Essa abordagem promove a colaboração e a troca de conhecimentos entre as diferentes áreas.

Para promover a diversidade e a inclusão, as empresas precisam adotar políticas de contratação inclusivas e diversificadas, garantindo que pessoas de diferentes origens e identidades tenham oportunidades iguais de trabalho. Além disso, é importante criar um ambiente acolhedor e inclusivo, com medidas de segurança e acessibilidade para todas as pessoas.

---

**13** METODOLOGIAS Ágeis/Scrum/Lean. **Escola de Governo**, 13 set. 2021. Disponível em: https://egov.df.gov.br/metodologias-ageis-scrum-lean/. Acesso em: 25 jun. 2023.

Vale lembrar, por fim, que a cultura e o modelo de gestão de uma empresa são fundamentais para o seu sucesso a longo prazo. Se adotarem uma cultura forte e um modelo de gestão flexível, as empresas estarão mais preparadas para enfrentar os desafios do futuro e garantir a sua sobrevivência em um mercado cada vez mais competitivo e em constante mudança.

Existem algumas boas práticas de gestão que são fundamentais para as empresas do futuro e apresento a seguir algumas dicas para que você possa começar a construir essa cultura em seus negócios.

1. **Adote uma abordagem centrada no cliente:** as empresas do futuro precisam estar focadas nas necessidades e nos desejos de seus clientes. Ou seja, precisam estar em constante contato com eles, ouvindo suas opiniões e sugestões e ajustando as estratégias de acordo com as suas necessidades;
2. **Promova a inovação:** a inovação é fundamental para as empresas do futuro. Isso significa que elas precisam incentivar a experimentação e a busca por soluções criativas, além de promover a colaboração entre equipes e departamentos para alcançar objetivos comuns;
3. **Invista em tecnologia:** as empresas do futuro precisam estar atualizadas em relação às novas tecnologias. Elas precisam, assim, investir em tecnologias emergentes, como inteligência artificial, *blockchain* e internet das coisas, para se manterem competitivas no mercado;
4. **Priorize a sustentabilidade:** as empresas do futuro precisam ser sustentáveis. Isso significa que elas precisam adotar práticas que reduzam seu impacto no meio

ambiente e na sociedade, como a utilização de energias renováveis, a redução do uso de plásticos e a adoção de políticas de responsabilidade social corporativa;

5. **Adote uma cultura de colaboração:** a colaboração é fundamental para as empresas do futuro. Elas precisam, então, promover a colaboração entre equipes e departamentos, incentivando a troca de conhecimentos e a busca por soluções conjuntas;
6. **Foque na diversidade e inclusão:** as empresas do futuro precisam adotar políticas de inclusão e diversidade. Isso significa que elas precisam contratar pessoas de diferentes origens e identidades e promover um ambiente de trabalho acolhedor e inclusivo para todos os funcionários.

Outro ponto importante que precisamos desenvolver enquanto cultura empresarial é a escolha de líderes que tenham as competências e habilidades necessárias para conduzir e guiar equipes em direção a essa nova cultura de uma empresa do futuro.

Assim, você, como CEO, empresário ou gestor, precisa desenvolver essas habilidades específicas para liderar uma empresa do futuro. Algumas competências necessárias para líderes do futuro são:

- **Visão estratégica:** precisam ter uma visão clara do futuro e das tendências que vão moldar o mercado e o mundo dos negócios;
- **Capacidade de adaptação:** têm de ser capazes de se adaptar rapidamente às mudanças e aos imprevistos, buscando novas soluções para os desafios do negócio;

- **Habilidade de inovação:** precisam ser capazes de estimular a criatividade e a inovação em suas equipes, buscando constantemente novas soluções para os desafios do negócio;
- **Conhecimento tecnológico:** devem estar atualizadas sobre as tendências tecnológicas e ser capazes de utilizar a tecnologia para melhorar os processos e produtos da empresa;
- **Capacidade de colaboração:** precisam ser capazes de desenvolver parcerias estratégicas e colaborar com outras empresas e organizações para desenvolver soluções inovadoras;
- **Consciência ambiental e social:** têm que estar conscientes dos impactos ambientais e sociais de seus negócios e buscar maneiras de reduzir esses impactos para promover a sustentabilidade;
- **Liderança ética:** precisam ser líderes éticos, com valores e princípios sólidos e coerentes com os objetivos e missão da empresa.

Ao desenvolver essas competências e adotar essas estratégias, sua empresa estará mais bem preparada para enfrentar os desafios e as oportunidades do futuro, contribuindo para a construção de um futuro mais sustentável e próspero.

Neste capítulo, abordei algumas das principais estratégias para preparar sua empresa para o futuro, bem como as competências que os líderes precisam desenvolver. No entanto, também é importante estar ciente dos desafios que as empresas do futuro enfrentarão. Um deles – e o nosso foco neste livro – é a transformação digital. Afinal, ela é uma das principais tendências que moldarão o futuro das empresas. Daí a importância de compreender como ela tem afetado nossa evolução enquanto sociedade.

A transformação digital, a sustentabilidade, a competição acirrada, as habilidades e talentos, a regulamentação e as mudanças culturais são alguns dos desafios com os quais as empresas terão que lidar no futuro.

Empresas que estão atentas aos desafios e investindo em soluções inovadoras, como a Amazon, a Unilever e o Google, têm uma maior probabilidade de sucesso no futuro. Por outro lado, empresas que ignoraram esses desafios, como a Kodak e a Blockbuster, faliram ou ficaram para trás.

Nos capítulos a seguir, quero mostrar a você como começar a passar por uma transformação digital a partir de uma mudança no mindset, no planejamento e nas atitudes com algumas ferramentas básicas para não perder o timing dessa nova evolução pela qual estamos passando.

**As empresas do futuro precisam adotar um modelo de gestão flexível que permita a adaptação a todas essas mudanças do mercado e da sociedade.**

# MUDANÇAS NO PLANEJAMENTO E NA ATITUDE

Se você chegou até aqui, já deve ter compreendido bem a questão das mudanças e da necessidade de estar atento ao processo evolutivo. Agora, quero enfatizar o quanto a tecnologia, a internet, a globalização tecnológica, a maneira como a gente trabalha, como a gente se diverte e como a gente vive mudaram. E quero reforçar também que, com isso, as leis fundamentais da economia mudaram junto.

Vivemos atualmente uma economia bastante diferente da antiga, que era baseada na industrialização e na manufatura. Assim, hoje, menos pessoas estão empregadas nesses setores e as que permanecem estão, provavelmente, bastante preocupadas com a perspectiva de serem substituídas em breve por máquinas, como falamos nos capítulos anteriores.

Na edição de 2019 do Fórum Econômico Mundial, falou-se muito sobre a necessidade fundamental da mudança de mentalidade para viver na economia na qual estamos inseridos hoje. Klaus Schwab,[14] professor e presidente dessa edição do Fórum, reforçou que precisamos passar de uma visão de produção e consumo para uma de economia focada no compartilhamento e cuidado.

E o que isso realmente significa? Estamos falando de uma transformação em todo o quadro econômico e nessa visão de industrialização e produção em massa que temos vivido até agora. Os produtos e serviços serão baseados cada vez mais na individualização das características das pessoas.

---

**14** PERASSO, V. O que é a 4ª revolução industrial – e como ela deve afetar nossas vidas. **BBC**, 22 out. 2016. Disponível em: https://www.bbc.com/portuguese/geral-37658309. Acesso em: 25 jan. 2023.

**A PARTIR DE AGORA, VOCÊ PRECISA ADOTAR ESSA MENTALIDADE DE LIDERANÇA DE MERCADO: A MENTALIDADE DE REALMENTE BUSCAR MELHOR A INDIVIDUALIDADE DE CADA CLIENTE**

Assim, é fundamental que você compreenda que a necessidade de mudança vem impulsionada também pela necessidade econômica que já não é mais a mesma. Quem insistir em olhar para o modelo e a mentalidade tradicional tem grandes chances de não conseguir acompanhar o mercado.

A compreensão desse novo cenário é fundamental principalmente quando pensamos em líderes e sua capacidade de liderar. Afinal, os líderes serão as pessoas-chave para que a mudança de mindset aconteça. Hoje, a adaptação à nova economia digital ainda é um grande desafio para as organizações e é por isso que tantas empresas estão revisitando o que são e quais são os seus propósitos.

É necessário haver mudança na entrega do seu serviço ou produto. Você precisa começar a olhar para o seu cliente ou consumidor como indivíduo, e não mais como uma massa de pessoas que simplesmente consome um produto.

Os líderes que têm essa mudança de mindset passam a ter uma visão mais centrada no cliente e, consequentemente, conseguem transmitir mais valor a ele. E isso acontece porque eles se concentram em entender, implementar e mensurar o cliente em termos de satisfação e do que ele de fato busca. O interesse passa a ser na relação, e não apenas na conclusão da venda.

Assim, esses líderes aceleram o processo de inovação justamente porque conseguem aprimorar a experiência do cliente. Se hoje a sua organização ainda está acostumada a apenas olhar para trás – ao analisar o histórico de crescimento, por exemplo –, lembre-se também de começar a olhar para a frente e repensar completamente o seu modelo de liderança.

## MINDSET VOLTADO PARA A NOVA ECONOMIA

Mindset – ou mentalidade – é o conjunto estabelecido de atitudes mantidas por alguém que moldam como uma pessoa interpreta e responde às experiências. A mentalidade surge da visão de alguém sobre o mundo, sobre as características, sobre a vida e sobre tudo aquilo que está ao seu redor. São atitudes, e é por isso que é importante você começar a adotar novas condutas que estejam alinhadas com o mundo atual e com a nova economia.

Um estudo feito pela MIT Sloan Management Review em parceria com a Cognizant[15] procurou compreender melhor como será o futuro da liderança na nova economia digital. O objetivo era compreender como um mundo em constante mudança tem influenciado o significado de ser um grande líder.

Uma das informações mais impressionantes extraídas dessa iniciativa é, justamente, em relação à mentalidade dos líderes. A maioria dos entrevistados acredita que seus líderes não têm a mentalidade necessária para gerar mudanças estratégicas fundamentais dentro da nova economia. Apenas 12% deles concordaram que seus líderes dominavam as habilidades necessárias.

---

**15** MENTALIDADES de liderança para a nova economia. **FM2S**, 11 nov. 2019.Disponível em: https://www.fm2s.com.br/blog/mentalidades-de-lideranca-para-a-nova-economia. Acesso em: 25 jun. 2023.

Quero chamar a atenção aqui principalmente para o perfil de líder com mentalidade de produtor. Mas o que isso quer dizer?

Após a análise dos dados da pesquisa feita pela MIT foram identificadas quatro diferentes mentalidades de liderança: produtores, investidores, conectores e exploradores.

Os líderes com mentalidade de produtores são aqueles que apresentam uma verdadeira obsessão por produzir valor para o cliente, mas com o foco em conhecimento digital, análise, execução e resultados.

Já os investidores são aqueles que preferem se dedicar ao crescimento organizacional e buscam o aumento no retorno de lucro para os acionistas, sem deixar de lado a preocupação com o bem-estar e o desenvolvimento constante de seus colaboradores.

Os conectores são os líderes com a mentalidade voltada para os relacionamentos e redes de contato. São capazes de reunir diferentes partes interessadas em um mesmo núcleo e apresentam os sensos de pertencimento e comunidade bastante elevados.

E, por último, os líderes exploradores - como o próprio nome diz - são aqueles com a mentalidade exploradora, ou seja, costumam estar envolvidos em experimentações e sabem tolerar melhor riscos e falhas.

Evidentemente, pelas características você deve saber que todos eles têm papéis interessantes a serem explorados na nova economia, mas quero enfatizar o comportamento dos líderes com a mentalidade de produtores justamente por terem um maior foco no conhecimento digital.

Os líderes com mentalidade de produtores avaliam meticulosamente cada ponto de comunicação com o próprio cliente, desde o primeiro contato com o produto, a empresa e o serviço. Por quê?

Porque é a partir dessas análises que eles conseguem acelerar a criatividade e a inovação. Muitas vezes, a inovação surge como resultado de como você lida com as preferências do seu cliente e de como você aprimora a experiência dele.

Se você sabe que cada cliente tem suas individualidades e particularidades, e que, como líder de uma organização ou empresa, seu olhar deve se voltar para elas, você precisa imediatamente ajustar seu mindset para isso.

O foco precisa estar voltado para a cultura de experiência, compartilhamento e cuidado. Quer um exemplo? O iPhone, ainda que seja um produto caro, é também um produto de massa, afinal, milhões de pessoas optam pela marca. Mas, se você já entrou em uma loja da Apple, sabe muito bem do que estou falando em relação à experiência. Tudo ali é pensado estrategicamente para que o cliente se sinta como alguém diferenciado e exclusivo. Há uma mentalidade de produtor por trás disso que quer garantir que o cliente tenha o melhor atendimento, serviço e produto em um único lugar.

Ter um bom produto hoje em dia é o básico, o mínimo que qualquer cliente espera ao fazer uma compra. Mas ter um bom produto não é o que vai garantir a sobrevivência do seu negócio dentro da economia digital.

Se você quer ter um diferencial para ganhar espaço entre os concorrentes, precisa focar a experiência que seu cliente tem ao adquirir esse produto. Lembra-se de que falamos sobre o conceito de rede de clientes? É justamente a partir dessa experiência que o seu negócio pode se expandir, já que nas redes sociais há cada vez mais pessoas compartilhando experiências diferenciadas e inovadoras.

## FERRAMENTAS BÁSICAS PARA COMPREENDER O CONTEXTO DE SUA EMPRESA

Em primeiro lugar, acho importante ressaltar que o foco deste livro está relacionado à transformação digital e às mudanças que precisam ser consideradas para que essa transformação aconteça da melhor maneira possível.

Afinal, há muitos fatores que impactam diversos negócios e a partir de diferentes perspectivas. Todas elas são importantes na hora de tomar decisões, mas é preciso compreender os diferentes recortes possíveis em relação a essas tomadas de decisão. Então, como analisar todas essas variáveis?

Hoje, a tecnologia pode ser uma grande facilitadora na compilação de informações para ajudar você a fazer as análises de que precisa, da melhor maneira possível. A implementação de ferramentas tecnológicas que auxiliem na coleta e no controle de dados pode ser uma grande aliada quando pensamos na complexidade existente em uma organização.

William Edwards Deming foi um estatístico, professor universitário, autor, palestrante e consultor estadunidense que disse uma das frases que resume bem como vejo a importância da coleta de dados: "*Without data, you're just another person with an opinion*". Em tradução livre: "Sem dados, você é apenas outra pessoa com uma opinião".

Em um mundo que possibilita que estejamos conectados aos nossos clientes, não faz sentido seguir tomando decisões com base em nossas opiniões pessoais, e não no que os dados e as estatísticas nos fornecem.

Além disso, outra ferramenta interessante é saber separar os problemas que a empresa enfrenta entre **internos** e **externos**.

No aspecto **interno**, avaliaremos o ambiente no qual a organização está buscando atingir seus objetivos e isso pode incluir, por exemplo, a maneira como a empresa é gerenciada, a governança, como são feitos os contratos com os clientes, a cultura, as crenças, os valores, os princípios dentro da organização, os processos e toda a estrutura organizacional.

No **externo**, deve-se considerar todo o ambiente no qual a empresa está, seja ele social, ambiental, político, legal ou econômico. E isso contempla todas as mudanças evolutivas e tecnológicas que tenho trazido ao longo desta obra.

Saber diferenciar e analisar esses dois aspectos é fundamental, pois eles influenciam diretamente as suas decisões em busca de uma organização moderna que olha para o futuro. Com isso em mente e com a clareza sobre qual é o problema e a dor que você resolve para o seu cliente, o próximo passo é utilizar a coleta de dados a seu favor para que você se conecte cada vez mais com esse indivíduo.

- Você sabe, verdadeiramente, quem é o seu cliente?
- Qual é a idade dele?
- Onde mora?
- Orientação sexual?
- Quais são seus hábitos de consumo?

Tenho certeza de que você já se deparou com algum programa de recompensas de algum estabelecimento ao optar por cadastrar seu nome completo, e-mail, endereço e CPF. Você pode até achar que a intenção principal desse cadastramento seja enviar ofertas e promoções diariamente, mas o que de fato está por trás disso?

Quando uma empresa coleta seus dados, ela pode analisá-los de diversas maneiras. Em supermercados, por exemplo, o que você compra e consome diz muito sobre seus hábitos de consumo. Isso vale também para a forma como faz suas compras. Pede on-line ou vai à loja física? Tem o hábito de fazer compras semanais ou mensais?

Se você é cliente da Nespresso, deve saber que ela estima aproximadamente quando as suas cápsulas estão acabando e, a partir disso, prepara notificações para avisá-lo que está na hora de comprar de novo.

Ou seja, as empresas coletam seus dados também para conseguir prever e lidar melhor com os possíveis "problemas" que você pode ter no futuro: ficar sem cápsulas de café, por exemplo.

Busque conhecer o seu cliente. Peça por feedback, analise seus competidores e compreenda a verdadeira necessidade dele. Você precisa saber quem são as pessoas por trás da sua audiência para conseguir proporcionar a melhor experiência para elas. Crie o hábito de captar informações. Cadastre seus clientes e as características principais de cada um deles, vincule as compras que eles fizeram. Lá na frente, essas informações podem ser essenciais para o marketing e para a análise de dados.

Chamamos de Cohort, por exemplo, a análise que avalia o comportamento dos clientes com base em atributos que eles podem ter em comum. Assim, você consegue classificar seus clientes em grupos baseados no quanto, no que e na periodicidade do que compram, por exemplo. E isso é extremamente relevante para que você possa diferenciar a abordagem que pretende utilizar com cada grupo. Se você tem um cliente que faz compras mensais e recorrentes em seu site e outro que compra a cada seis meses, por exemplo, você deve abordá-los de maneiras diferentes.

Busque conhecer seu cliente.

É exatamente o tipo de avaliação que possibilita que você tome decisões estratégicas para fazer com que o seu negócio prospere e tenha melhores resultados na nova economia. Você pode pensar em criar um programa de assinatura com preços mais atrativos para o cliente recorrente ou, quem sabe, enviar amostras de outros produtos, já que ele demonstra ser fã da linha que você vende.

Percebe como a análise de dados e o uso de tecnologia podem empoderar você?

Existem inúmeros recursos tecnológicos que auxiliam esse processo: CRM, BI, Google Analytics. Mas, se você não pode investir em nenhum deles agora, o bom e velho Excel é suficiente para dar os primeiros passos.

Cadastre. Compile. Observe. Analise.

E não tome mais decisões com base apenas em sua opinião.

## COMO INTRODUZIR O TEMA EM UMA ORGANIZAÇÃO

Agora que você já compreendeu a importância da transformação digital e conheceu algumas ferramentas para começar a remanejar as estratégias gerenciais da sua empresa, como você pode introduzir esse tema dentro da sua organização?

Como vimos anteriormente, as pessoas não costumam desafiar o *status quo* e se sentem seguras demais na própria zona de conforto. Além disso, o ser humano tem a grande habilidade de se autoenganar, porque superestima a própria capacidade de compreender os motivos pelos quais está tomando determinadas decisões.

Aposto que você conhece alguém que se julga tão inteligente e intelectual que afasta qualquer possibilidade de perspectiva por não se permitir estar equivocado. Assumir que podemos estar errados ou que existem outras possibilidades além das quais estamos acostumados a acreditar nos deixa em um lugar de vulnerabilidade. E isso é desconfortável e ameaçador.

Especialmente no mundo digitalizado em que vivemos, repleto de tanta informação impossível de absorver, é muito comum que as opiniões sejam cada vez mais polarizadas e enrijecidas. Temos tendência a permanecer em bolhas sociais em que os posicionamentos são similares aos nossos e evitamos ao máximo tentar compreender o que está por trás de pontos de vista divergentes.

Assim, a melhor ferramenta para começar a introduzir o tema da transformação digital em sua empresa é o conhecimento. Como disse antes, o termo "transformação digital" tem sido tão repetido – de maneira rasa – nos últimos anos que muitas pessoas acreditam saber plenamente do que se trata.

Se você chegou até aqui na leitura, tenho certeza de que já percebeu que a transformação digital é um tema muito mais abrangente e complexo que, simplesmente, os avanços tecnológicos. Minha intenção é fazer com que você perceba que a transformação digital é algo tangível e possível. Assim, quando você perceber que ela não está tão distante de sua realidade, será muito mais fácil transmitir o mesmo conhecimento para os seus funcionários e colaboradores.

Procure fazer isso aos poucos e não tente abraçar o mundo de uma vez. É sempre melhor gastar energia focado em uma área do que tentar dividi-la em diversos setores de uma única vez. Escolha um departamento específico para começar. Hoje, qual área poderia aceitar com mais facilidade a transformação digital dentro da sua empresa?

A demonstração pelo sucesso é sempre um bom caminho para convencer aqueles que ainda demonstram certa resistência. Afinal, quando começam a perceber os benefícios decorrentes de determinada mudança, as pessoas tendem a baixar a guarda, tornando-se mais dispostas a experimentar o novo. É nesse momento que os *early adopters* e o senso comum começam a ganhar força.

Procure demonstrar benefícios palpáveis e não insista em tentar forçar a informação para as pessoas. Não é isso que vai convencê-las. O convencimento vem de resultados concretos. Eventos, cursos de capacitação e parcerias estratégicas com empresas acostumadas a liderar os processos de transformação digital podem ser grandes aliadas nesse momento.

Uma ferramenta que costumo usar sempre com meus clientes para isso é o conceito/metodologia de *design thinking*. Muitas vezes a palavra "design" está associada à estética, beleza e funcionalidade de determinado produto, mas o conceito de design pode abranger um contexto bem mais amplo.

Um bom design é feito com a intenção de propiciar bem-estar enquanto resolve determinado problema; então, mais do que beleza, um bom design pode promover uma nova cultura de trabalho e uma nova maneira de executar algo. Assim, o *design thinking* é um conjunto de métodos, ferramentas e técnicas que utilizamos para orientar um grupo a pensar e criar soluções diferentes, baseadas nas necessidades dos desejos e dos problemas.

A ideia é que, de maneira colaborativa e coletiva, o grupo possa reunir o máximo de pontos de vista diferentes na resolução de um problema. O grande diferencial nessa abordagem é o uso da empatia e a necessidade de nos colocarmos no lugar do outro. Sendo que esse "outro" pode ser a área de marketing, as áreas de negócios ou até mesmo o seu cliente.

A abordagem de *design thinking* pode ser muito útil para a resolução de problemas internos ou externos e, até mesmo, para a criação de novos produtos. No entanto, considerando aqui a temática da transformação digital, é também uma excelente ferramenta para propagar as soluções tecnológicas que podem ser implementadas em uma empresa.

Ainda falando sobre mostrar os benefícios palpáveis da transformação, durante a pandemia, por exemplo, todos nós precisamos recorrer às reuniões on-line para continuarmos nos relacionando com os demais colaboradores da empresa na qual trabalhávamos. É verdade que muitos não estavam preparados para lidar com o uso frequente de plataformas como Zoom e Google Meet; no entanto, em pouco tempo nos adaptamos à nova realidade e aprendemos a manusear as ferramentas necessárias para fazer apresentações e compartilhamento de tela.

Hoje, depois de percebermos os benefícios e a praticidade que é fazer uma reunião sem precisar sair de casa e ficar horas no trânsito, tenho certeza de que muitas pessoas compreenderam as vantagens da transformação digital e que se sentem mais à vontade para experimentar novas soluções tecnológicas.

## COMO USUFRUIR DA TRANSFORMAÇÃO DIGITAL COMO CONSUMIDOR

Quando se sentem parte da transformação digital de uma maneira positiva, as pessoas são impulsionadas a incentivar que outras também experimentem essa sensação. Pensando nisso, ainda que você seja o CEO ou líder de uma empresa e que seu foco seja introduzir os avanços tecnológicos em determinado setor, é importante refletir também sobre os seus próprios hábitos de consumo. De que modo você consome a transformação digital?

**QUANDO COCRIA SOLUÇÕES COM A NOÇÃO DO IMPACTO QUE ELAS PROMOVEM, VOCÊ SE PERMITE PENSAR FORA DA CAIXA E TEM MAIS CHANCES DE INOVAR**

A aplicação prática do *design thinking* apresentada anteriormente é uma abordagem com foco no ser humano, afinal, além de ser o cliente, o consumidor e o usuário, o ser humano é o responsável por promover todas essas mudanças. Refletir sobre como a transformação está presente em nosso dia a dia como consumidores – e não só enquanto produtores – faz com que tenhamos um olhar mais empático na resolução dos problemas de nossos clientes, porque, assim, sempre nos colocamos no lugar deles.

Se hoje, por exemplo, você é o engenheiro da Toyota responsável por criar um novo carro, uma sessão de *design thinking* com sua equipe pode promover um *brainstorming* repleto de ideias positivas e de feedbacks negativos que precisam ser melhorados. Quem sabe, amanhã ou depois, você não seja o comprador desse mesmo produto?

A transformação digital é a conversão de tudo aquilo que era analógico e que, agora, pode passar a ser digital. De uma maneira bem simplificada, estamos falando de uma adoção acelerada de um ecossistema de tecnologias que tem a intenção de otimizar processos e, nesse contexto, podemos agir como consumidores e atores ao mesmo tempo.

Nessa nova era, somos clientes digitalmente conscientes e atentos à transformação dos nossos hábitos de consumo. O acesso aos dispositivos móveis e aplicativos e a constante automação fazem com que tenhamos aquilo que desejamos quase que instantaneamente. E isso impacta as expectativas. Afinal, estamos sempre conectados – alguns são até mesmo nativos digitais – e estamos sempre cientes do que podemos fazer com a tecnologia.

**A melhor ferramenta para começar a introduzir o tema da transformação digital em sua empresa é o conhecimento.**

Devido às oportunidades que surgem com o uso da tecnologia moderna, nós, como consumidores, conseguimos reconhecer os diversos benefícios que as empresas digitais nos oferecem. Temos maior eficiência operacional e das nossas atividades pessoais porque as empresas estão preocupadas com isso. E, do outro lado, as empresas apresentam maior assertividade porque estão ouvindo mais os próprios clientes.

Uma grande característica do capitalismo é a permissão da livre concorrência. E essa concorrência também encoraja as empresas a buscar melhorias constantemente. Afinal, se só existisse uma marca de computador que dominasse todo o mercado, será que ela estaria tão interessada na resolução de problemas de seus consumidores e clientes?

A concorrência promove competição em muitas camadas: nos preços, na qualidade, na experiência e na evolução. Nós, enquanto consumidores com consciência digital, fazemos parte daquela rede de clientes que já mencionei e, consequentemente, estamos a todo momento fazendo análises de mercado sem nem nos dar conta – seja ao fazer um comentário no Google Review ou ao pesquisar resenhas no YouTube antes de adquirirmos um novo produto.

Trazer essa vivência natural para a consciência é ter a concretização de que, a cada dia que passa, as organizações estão olhando cada vez mais para o indivíduo, e não só para as vendas em massa. E que é preciso fazer o mesmo.

## NOVAS OPORTUNIDADES PARA SEU NEGÓCIO E SUA VIDA

Quantas vezes você já baseou uma escolha de filme, restaurante, carro ou outros produtos em *reviews* abertos a todos em plataformas especializadas ou, até mesmo, na própria plataforma de um e-commerce ou marketplace?

Eu, por exemplo, sempre leio os comentários na Amazon e no Mercado Livre antes de seguir com a compra que quero fazer. Assim, logo vejo se outros consumidores tiveram problemas com o produto ou com o vendedor e se avaliaram positiva ou negativamente o produto em si.

E como isso traz novas oportunidades para nós como indivíduos e como empresas? A seguir, listo algumas perspectivas interessantes para que você comece a explorá-las.

## Assertividade

Analisar as avaliações nos permite ter uma maior (ou melhor) assertividade na escolha dos produtos e serviços que decidimos consumir ou desenvolver. Afinal, as chances de eu comprar um produto mudam completamente quando um tem cinco estrelas e mil pessoas falando bem dele e quando outro similar tem duas estrelas e só comentários ruins. Da mesma forma, se eu sou o empresário responsável por esse segundo produto, tenho com facilidade a percepção e comparação do público em relação a ele e posso trabalhar para melhorar o que ofereço.

## Conhecimento

Você lembra quando falei que a nova economia está focada no compartilhamento e no cuidado? Atualmente, o conhecimento tem sido cada vez mais transmitido e explorado. Ainda que exista muita informação rasa e inválida, existe uma quantidade infinita de cursos e treinamentos de maneira bem mais acessível. A transformação digital e os avanços tecnológicos nos permitem, por exemplo, fazer um curso de gastronomia com aquele chef superconceituado – e do qual somos fãs porque o acompanhamos nas redes sociais – sem nem mesmo sair de casa.

## Velocidade

Vivemos em um ritmo cada vez mais acelerado e, como falei antes, com a expectativa cada vez mais alta para que tudo se resolva com rapidez. Hoje, temos agilidade para pagar contas, pedir um orçamento, combinar de sair com os amigos, chamar um transporte, enviar trabalhos, fazer compras, receber encomendas e por aí vai.

E aqui, ainda que eu veja isso como uma oportunidade de melhorarmos constantemente serviços e experiências, aproveito para provocar a reflexão: estamos otimizando o tempo de muita coisa, mas o quanto isso também nos tem levado a um cansaço maior? Talvez o famoso burnout seja a síndrome da modernidade que precisamos levar em consideração para o nosso próximo processo evolutivo.

## Novos negócios

Antigamente, abrir um novo negócio, de preferência com um bom planejamento, partia de premissas que eram muito difíceis de serem coletadas (como a pesquisa de rua, a análise de fluxo de tráfego com deslocamento até o local e permanência durante todo o dia para acompanhar o movimento).

Hoje, podemos pesquisar dados de mercado em sites como o Statista; analisar o horário de maior tráfego de veículos, seja pelo Google Maps ou pelo Waze; mapear outros estabelecimentos e qualquer outro elemento que desejarmos saber mais a respeito antes da abertura de um novo negócio. Conseguimos praticamente toda e qualquer informação apenas acessando a internet.

**Trazer essa vivência natural para a consciência é ter a concretização de que as organizações estão olhando cada vez mais para o indivíduo, e não só para as vendas em massa.**

Se você pretende abrir uma padaria, por exemplo, em poucos minutos consegue acessar o mapa de uma região para saber quantas outras existem por lá e, ainda, analisar a concorrência pelos seus sites e redes sociais. Isso sem mencionar a disponibilidade de treinamentos e ferramentas que tenho trazido como exemplos ao longo deste livro.

## Melhorar atendimento com base em feedback

Já falamos um pouco sobre isso, mas quero reforçar que aprender a explorar, utilizar e analisar as diversas ferramentas de feedback existentes é uma oportunidade gigante para melhorar o atendimento, os produtos e a experiência do cliente.

A rede de clientes está cada vez mais disposta a usar a própria voz para emitir sua opinião e seus sentimentos em relação a produtos e serviços. Se antes era preciso preencher um formulário de papel e levá-lo pessoalmente até um setor, hoje até as lojas físicas como Renner e Madero disponibilizam um totem na saída com botões de avaliação de atendimento.

Lembre-se da importância da coleta de dados.

## Novos desafios

Se existe dor e se existe um problema, existe um negócio em potencial. E se os negócios da nova economia resolvem essas dores e esses problemas, isso significa que existem novas oportunidades de mercado, desde que você saiba enfrentar os novos desafios de um mundo cada vez mais digital e globalizado.

Aqui, posso citar como exemplo a rápida evolução da telemedicina impulsionada pela pandemia de covid-19 e também o aumento dos desafios logísticos com o grande aumento das vendas – principalmente as on-line.

Começamos a ver esse movimento mais recentemente no Brasil, mas há anos a Amazon dos Estados Unidos, por exemplo, utiliza lojas e pequenos comércios como *hub* de entregas de pacotes, garantindo mais opções para o cliente, já que ele pode optar por buscar seus itens em um desses *hubs*, enquanto ela otimiza o processo de entrega por centralizar a distribuição das encomendas em pontos únicos pela cidade.

Outra solução que veio para apoiar essa transformação é o transporte de última milha (*last mile*) realizado por motoristas que querem fazer uma renda extra. Uma pessoa comum, que seja habilitada e tenha um veículo, pode se colocar à disposição para coletar pacotes em um ponto de distribuição local e entregá-los pela cidade. O Mercado Livre tem utilizado muito essa estratégia para garantir maior capilaridade e velocidade na entrega de produtos. Isso permite um modelo muito escalável de negócio, além de garantir uma maior percepção de valor para o cliente final.

Os desafios são inúmeros, mas as oportunidades de negócio também.

## Novos mercados

Por último, quero reforçar que existem muitas oportunidades de explorar novos mercados a partir de onde você já está. É a possibilidade de expansão de seus negócios partindo de novas premissas, assim como fez o iFood, que pensou em agregar mais valor ao serviço ao oferecer itens necessários de delivery para os restaurantes parceiros.

Entenda que essas oportunidades dentro da transformação digital estão à sua disposição para começar a melhorar o seu negócio ainda hoje. Não importa se você é o CEO de uma grande corporação ou um dentista que atende no mesmo bairro há mais de dez anos.

Não se engane: o mundo mudou, vai mudar e está mudando agora mesmo. Ter essa visão é o que ajudará você a construir o seu futuro dentro de uma realidade cada vez mais digital.

Que tal começar hoje a coletar os dados dos clientes e começar a mapear como você pode otimizar fluxos e melhorar a experiência deles com o que você oferece?

**Se existe dor e se existe um problema, existe um negócio em potencial.**

# ALICERCES PARA A TRANSFORMAÇÃO DIGITAL

## OS 4 OBJETIVOS DA TRANSFORMAÇÃO DIGITAL

Nesta parte do livro, meu objetivo é fazer com que você, leitor, consiga ter uma visão clara do que é a transformação digital e quais são os impactos que ela promove no nosso dia a dia. Para poder aplicá-la na sua rotina e na sua empresa é fundamental que você compreenda quais são os 4 objetivos principais por trás dessa transformação.

Afinal, sem a compreensão dos motivos pelos quais fazemos algo, as mudanças tendem a não ser significativas ou efetivas. Minha ideia aqui, então, não é necessariamente trazer todas as nuances envolvidas em cada um desses aspectos – até porque isso pode ser muito particular e específico para cada empresa –, mas sim fazer com que você compreenda que pode seguir esses quatro propósitos para começar a introduzir a transformação digital na sua vida – pessoal ou corporativa.

É claro que por trás dos quatro aspectos há diversos outros objetivos intangíveis, mas esses quatro pilares são fundamentais porque influenciam todos os outros direta ou indiretamente.

A partir de agora, sobretudo se você for o CEO ou líder de uma organização, tenha em mente que estes serão os primeiros passos fundamentais para o processo de transformação da sua empresa:

1. Transformar produtos;
2. Empoderar colaboradores;
3. Engajar melhor com clientes;.
4. Otimizar operações.

E de que maneira você pode começar a colocar cada um deles em prática? Vamos descobrir!

## 1. Transformar produtos

Para começar, saiba que mesmo se o que você vende é um serviço, esse serviço pode ser considerado o seu produto. Produto é tudo aquilo que você oferece ao seu cliente. E, então, quando falo sobre transformar produtos, refiro-me às possibilidades de tornar esses produtos ou serviços algo mais atrativo para o cliente – seja do ponto de vista de desempenho, agilidade, velocidade, qualidade ou relevância.

Então, a partir do momento em que entende que o que você vende precisa ser *atraente*, você começa a imaginar melhorias, evoluções e até inovações para aquela resolução de problema que oferece. O objetivo aqui é pensar em como fazer essa transformação de maneira digital.

Vou dar um exemplo: minha esposa tem uma empresa de educação e costuma dar aulas particulares. Ela percebeu um padrão repetitivo: a falta dos alunos em algumas aulas. Por contrato, eles sempre deveriam avisar com quatro horas de antecedência caso não pudessem comparecer, do contrário, a aula seria considerada como dada.

O problema poderia parar por aí, mas o que acontecia em decorrência disso era que muitos pais, quando eram cobrados pela aula não dada, iniciavam diversas discussões alegando que não sabiam do horário ou da ausência dos filhos.

A partir desse problema, como ela transformou o próprio serviço de maneira digital? Implementando um sistema que envia mensagens para os pais pelo WhatsApp com cinco ou seis horas de antecedência, como um lembrete sobre a aula agendada para aquele dia. Uma transformação digital simples e prática que, além de solucionar um problema interno, fez com que os clientes reconhecessem mais valor agregado ao serviço que ela presta.

Você consegue pensar agora em alguma solução simples e digital para o seu produto ou serviço? Esse pode ser o caminho.

## 2. Empoderar colaboradores

Atualmente, vivemos em uma sociedade cada vez mais empoderada. As pessoas, de maneira geral, têm sido mais autossuficientes em muitos sentidos e essa autonomia é algo que temos buscado, dia após dia.

Apesar de termos visto recentemente demissões em massa em grandes empresas digitais, como o Meta (dona do Facebook e do WhatsApp) e o Twitter, vale ressaltar aqui que ainda existe uma espécie de "apagão" dos profissionais de tecnologia – ou seja, poucos profissionais disponíveis para a grande demanda tecnológica da modernidade.

Mas o que esse apagão tem a ver com empoderar colaboradores? Eu explico: algumas plataformas conhecidas como *no code* ou *low code* (sem código ou baixo código, em tradução livre) permitem que colaboradores consigam desenvolver aplicativos ou soluções de negócio com pouquíssima ou quase nenhuma experiência em desenvolvimento de software. Chamamos esses desenvolvedores de *citizen developers*. Isso quer dizer que se, de repente, você trabalha no departamento de marketing da sua empresa e é um *citizen developer*, pode desenvolver uma solução de gestão de campanha de marketing, por exemplo. A partir disso, você otimiza uma operação e tem mais fluidez na sua dinâmica de trabalho. Só que, para que isso aconteça, a organização na qual você atua precisa estar disposta a essas novas possibilidades digitais.

Empoderar colaboradores é sobre permitir e dar mais autonomia e dinâmica na rotina de trabalho, assim como intensificar a colaboração entre os próprios funcionários. E se você acha que ser um *citizen developer* é algo distante da sua realidade, trago aqui outro exemplo de empoderamento - simples - que pode deixar você surpreso.

Ferramentas como o Google Meet, o Microsoft 365 e o Teams, por exemplo, têm uma série de recursos que possibilitam maior colaboração entre uma equipe. Já não é preciso trocar planilhas compartilhadas por e-mail ou sentar próximo de quem está trabalhando no mesmo projeto que você, afinal vocês podem atualizá-la simultaneamente ou, até mesmo, pegar aprovação de diversos departamentos sem dezenas de trocas de mensagens.

Empoderar colaboradores traz automação de processos e garante o dinamismo e a agilidade necessárias na nova economia.

### 3. Engajar melhor com clientes

Melhorar o engajamento com clientes é um dos passos mais importantes quando falamos dos objetivos da transformação digital. Afinal, do que adianta transformar o seu produto e criar alguma inovação sensacional se você não tiver nenhum cliente que esteja procurando pelo que você oferece?

Um dos primeiros passos para engajar mais com o cliente é aprender a ouvi-lo de maneira a tentar atender às suas expectativas. Sua intenção deve ser se aproximar dele até que ele vire um fã, e não apenas um consumidor. E quem diz isso não sou só eu.

Bruce Dickinson,[16] vocalista do Iron Maiden, diz odiar o termo "cliente". Para ele, enquanto os clientes têm escolha e podem simplesmente decidir não consumir os produtos ou serviços de sua empresa, os fãs não têm alternativa porque são devotos à marca, eles ficam ao seu lado. Dickinson diz ainda que acredita que o mundo dos negócios é muito parecido com o mar: "existem peixes pequenos que têm a opção de ficar parados, e os tubarões, que estão sempre se movimentando e ficando mais fortes", e eu não poderia imaginar uma metáfora melhor para tudo que tenho discutido até aqui.

Nos capítulos anteriores, falamos sobre o conceito da rede de clientes e, aqui, aproveito para enfatizar quão engajados costumam ser os fãs. Já tentou falar mal de Iron Maiden para um fã da banda? Se tiver coragem, esteja preparado! Brincadeiras à parte, a partir do momento em que você começa a ter escuta ativa em relação ao que os seus clientes dizem, você consegue tomar decisões muito mais assertivas do ponto de vista de melhoria de produto e, também, de otimização de operação. E isso vale para qualquer área de atuação.

Aproveitando os exemplos do mundo da música, a banda Metallica também soube como usar a transformação digital a seu favor e foi muito criativa na análise de dados para escutar os próprios fãs. A banda tem utilizado o Spotify

---

**16** CALDAS, E. 'Você tem de transformar o seu cliente em um fã'. **Galileu**, 28 jan. 2014. Disponível em: https://revistagalileu.globo.com/Sociedade/noticia/2014/01/voce-tem-de-transformar-o-seu-cliente-em-um-fa.html. Acesso em: 25 jun. 2023.

durante a criação dos *setlists* para compreender quais músicas têm mais audiência de acordo com a cidade em que farão algum show.[17]

Gosto de trazer essa experiência porque ela é inusitada. É esperado que o CEO de uma empresa tome uma decisão baseada em dados, mas nunca uma banda de rock. Pensando nisso, como você pode melhorar a comunicação com o seu cliente a partir de hoje?

## 4. Otimizar operações

O conceito de operação que trago aqui nada mais é que o conjunto de processos que existem na sua organização, desde o momento em que o cliente chega à empresa até o momento em que ele conclui uma compra – e aqui aproveito para incluir o pós-compra, já que tenho reforçado a importância da relação com o cliente e seus feedbacks.

Quando pensamos em otimizar operações, precisamos pensar em como tornar todos esses processos mais independentes, ágeis e eficientes. Já aconteceu com você, por exemplo, de comprar uma viagem on-line e depois cancelar essa compra? Aposto que a primeira etapa foi perfeita e a segunda uma grande dor de cabeça, não? Na hora da irritação é bem provável que nós não pensemos nos

**17** FARINACCIO, R.. Spotify ajuda o Metallica a decidir quais músicas tocar em cada cidade. **Tecmundo**, 27 jul. 2018.Disponível em: https://www.tecmundo.com.br/software/132666-spotify-ajuda-metallica-decidir-musicas-tocar-cada-cidade.htm#:~:text=Para%20tentar%20n%C3%A3o%20repetir%20sempre,Spotify%20como%20ferramenta%20para%20isso. Acesso em: 25 jun. 2023.

pormenores do que acontece dentro de uma empresa, mas é bem possível que a área de cancelamento dependa de uma informação que fica em outro departamento e que a troca de informação entre os dois setores seja burocrática e pouco eficaz.

Usar a tecnologia para otimizar operações é uma excelente alternativa dentro da nova economia, mas deve-se ter a preocupação de que o foco seja, realmente, tornar os processos mais ágeis e independentes.

Lembra-se de como falamos que o empoderamento e a colaboração entre uma equipe pode contribuir para isso? Faça uma análise de todos os setores da sua empresa e veja onde é possível automatizar processos com o uso da tecnologia. Tenho certeza de que suas operações correrão com mais fluidez a partir dessa evolução.

Utilizar esses objetivos de maneira intencional vai gerar um impacto direto na percepção da sua marca, na percepção da sua imagem, na relevância da sua organização, na qualidade dos seus produtos e no engajamento com seus clientes.

Agora que você já sabe quais são os 4 objetivos principais da transformação digital, espero que perceba que eles têm uma relação intrínseca com a mudança natural que deve acontecer em sua organização para que ela esteja adaptada à nova economia que estamos vivendo. Mas, além desses objetivos, é fundamental que você domine os 6 pilares estratégicos da transformação digital.

## OS 6 PILARES ESTRATÉGICOS DA TRANSFORMAÇÃO DIGITAL

Creio que, nesta altura da leitura, já esteja claro para você o quanto a tecnologia tem desempenhado papel fundamental nos nossos processos evolutivos e o quanto continuará presente em nossa realidade.

Transformar uma empresa de maneira digital diz muito mais sobre as mudanças culturais e organizacionais que precisam ser feitas do que sobre a simples implementação de novas tecnologias. Já falamos aqui sobre a importância de conhecer a nossa própria história enquanto humanidade, sobre a necessidade de mudança de mindset e sobre os objetivos por trás da transformação digital. Agora, chegou a hora de compreender o que sustenta toda essa estrutura para que você possa construir essa mudança: **os 6 pilares estratégicos da transformação digital**.

Inspirei-me inicialmente no conceito de David L. Rogers, autor do livro *Transformação digital*, no qual ele apresenta essa estrutura disposta em 5 fundamentos: **cliente**, **dados**, **competição**, **inovação** e **valor**. Concordo com Rogers quando ele diz que para a transformação acontecer de fato é necessário que nos aprofundemos nesses pilares. Entretanto, minha intenção não é replicar o conteúdo do autor. Quero trazer minha perspectiva sobre o assunto – a partir do ponto de vista de quem trabalha diretamente com tecnologia – e aproveitei para acrescentar o sexto pilar que considero fundamental no processo de transformação digital: a própria **tecnologia**.

Vamos a eles!

## 1. Cliente

Veja só que interessante: um dos objetivos da transformação digital é engajar melhor com os clientes e o primeiro pilar estratégico da transformação é, justamente, esse cliente. E por quê? Porque o cliente é o ator principal de qualquer transação comercial que existe hoje. Seja uma relação B2C (*business to consumer*), modelo de negócios em que sua empresa atende diretamente o consumidor, ou B2B (*business to business*), de um negócio para outro.

Quando a gente olha a visão convencional de mercado, os clientes são atores passivos e não parecem ter grande relevância para quem quer vender. O panfleto do mercado que ainda chega à sua casa é um exemplo claro disso: você recebe as ofertas e essa mesma informação é transmitida para todo o seu bairro. A mensagem aqui é "eu quero vender para você e aqui está o que eu vendo".

Na era digital, avançamos para um mundo dominado por outro conceito e o cliente não é mais um ator passivo. O mercado, agora, pode mandar por e-mail as ofertas para você e, principalmente, as ofertas daqueles produtos com os quais você está mais acostumado a consumir.

Lembra-se do exemplo que citei sobre a Nespresso, que lembra o cliente de quando suas cápsulas estão acabando? Há uma preocupação com o cliente e com a interação que virá dele. A mensagem agora deve ser "eu quero vender para você, eu sei o que você consome e aviso que há uma oportunidade incrível de compra".

O cliente é um dos pilares da transformação digital porque é onde o foco de desenvolvimento ou resolução de problemas precisa estar. Hoje, é necessário analisar o cliente e estudar seus hábitos de consumo para conseguir concretizar as vendas e fazer com que elas se tornem recorrentes.

Não é à toa que, todos os dias, quando você acessa um e-commerce qualquer ou até mesmo quando faz uma pesquisa no Google, começa logo a ser examinado. Ainda mais se estiver logado em alguma dessas páginas; imediatamente, dados como região, idade e últimas pesquisas começam a alimentar os algoritmos, que nos oferecem as ofertas do que acabamos de pesquisar e até produtos similares pelos quais podemos nos interessar.

Com o uso da tecnologia, qualquer empresa pode atrair você com base em suas pesquisas anteriores. Por isso, enxergar o cliente como um dos pilares estratégicos da transformação digital ajudará organizações a direcionar os próprios esforços, na melhoria da experiência e na maneira como os clientes se conectam com a empresa.

O cliente agora tem voz ativa e, com o aumento natural da concorrência, a experiência e a opinião dele são essenciais para gerar fidelização, o que, por sua vez, torna as organizações ainda mais competitivas. O conceito de rede de clientes sobre o qual falei anteriormente apenas intensifica essa disputa.

## 2. Dados

Muito do que falei sobre a análise dos clientes só pode ser feito de uma maneira: pela coleta de dados. E é por isso que os dados entram como o segundo pilar estratégico para a transformação digital.

Os dados são a porta de entrada para que você comece a conhecer, compreender e interpretar o seu cliente e o seu negócio. Será a partir deles que você conseguirá avaliar o desempenho da sua organização. Parece algo inovador, mas utilizamos dados desde os primórdios. Por exemplo, quando você estava na escola e tirava nota 7 em uma prova de matemática, isso era um dado. Ao saber disso, você poderia interpretar esse dado de acordo com a sua perspectiva: "fui melhor do que na outra prova" ou "posso melhorar mais".

Dados são apenas dados, mas podem proporcionar uma troca de informações. O que importa é a reflexão e as mudanças que você faz a partir da análise deles. Você que está lendo este livro agora, por exemplo, está extraindo dados e informações. Eles só serão úteis a partir do momento em que você os utilizar para uma mudança prática.

Assim, o que quero que você perceba é que não adianta tentar vender um produto para alguma empresa ou alguém se você não entende o que essa venda representa ou pode representar no seu negócio ao longo da jornada da sua organização.

Nunca vivemos uma era com tanta troca de dados e de informação. No passado, os dados eram produzidos por meio de arquivos físicos e por pesquisas presenciais. Além disso, antigamente, essas informações eram usadas para previsão e avaliação, mas poucas vezes para a tomada de decisões. Isso porque tratar e qualificar esses dados era um processo complexo e manual.

A tecnologia é o que possibilitou que essa era fosse tão farta de dados e informações, e também é ela que nos possibilita qualificar e analisar tais informações com tanta velocidade e precisão.

Seja a partir de redes sociais, dos dispositivos conectados, dos novos canais de venda, das ferramentas de comunicação, dos marketplaces ou das plataformas de e-commerce, esses dados serão o alimento de informações da sua organização, e é preciso aprender como extrair insights a partir deles.

Essa enxurrada de informações é o que trouxe alguns conceitos que ouvimos hoje no mercado, por exemplo, o conceito de *big data*. O conceito se refere à análise e à interpretação de grandes volumes de dados, com grande variedade, fontes distintas e uma série de ferramentas que possibilitam diferentes insights e interpretações. As plataformas que trazem soluções de *big data* são a tecnologia responsável por auxiliar empresas a fazer previsões e a compreender os padrões nas atividades de negócios. Os benefícios disso são o aumento da produtividade, a redução de custos e as tomadas de decisão mais assertivas.

Os dados são os ativos mais estratégicos de uma organização, pois permitem que você explore o valor ao longo do tempo para diferentes propósitos e entregam componentes fundamentais sobre o funcionamento da organização, permitindo que ela se diferencie no mercado e gere mais valor para o cliente.

## 3. Competição

Para muitos – e por muitos anos –, a competição e a cooperação eram vistas como aspectos totalmente opostos. Hoje, organizações de um mesmo setor competem e, muitas vezes, cooperam com parceiros dessa mesma cadeia de suprimentos e desse mesmo fluxo de negócios para, de fato, alcançar um objetivo. Inclusive, existe um termo que expressa muito bem esse conceito: "coopetição", a junção das palavras *cooperação* e *competição*. O que acontece a partir disso é que, basicamente, as fronteiras das indústrias acabam ficando muito estreitas.

**Empoderar colaboradores é sobre permitir e dar mais autonomia e dinâmica na rotina de trabalho, assim como intensificar a colaboração entre os próprios funcionários.**

Lembra quando eu disse que os maiores concorrentes da sua organização podem estar fora do seu segmento de atuação? Como no exemplo do iFood que, em um primeiro momento era apenas uma empresa focada no delivery e que, posteriormente, acabou expandindo a sua atuação para o segmento de insumos para restaurantes.

A empresa soube usar muito bem os dados coletados para descobrir novas vias de negócio e atender uma demanda com boa oferta, justamente por perceber que tinha informações e contatos suficientes para negociar isso em larga escala.

Se no começo o vendedor de embalagens do bairro encarou o iFood como um grande melhor amigo, pouco depois teve o próprio negócio absolutamente prejudicado porque era incapaz de concorrer com a grande oferta e demanda que a própria organização conseguiu conciliar.

O avanço tecnológico impulsionado pela transformação digital acaba promovendo um fenômeno chamado de "desintermediação", ou seja, um processo no qual qualquer elemento entre o produtor e o consumidor final pode ser posto para fora da transação se não agregar valor ao produto ou ao serviço. Isso está mudando drasticamente as parcerias e todo o processo da cadeia de fornecimento.

Em alguns setores isso é mais fácil de se visualizar. Os distribuidores, por exemplo, costumavam ser muitos porque não havia capilaridade para chegar a alguns mercados – e aqui estou falando de ponto físico e presença física. Então, para algumas marcas, em vez de bater na porta de mil empresas no Brasil, era mais fácil bater na porta de dez distribuidores que faziam o atendimento dessas mil empresas que elas gostariam de atingir de maneira direta.

Com os avanços tecnológicos, é possível simplificar essa cadeia de distribuição, muitas vezes removendo os distribuidores da negociação, porque a conexão com o cliente final se tornou mais prática e acessível, seja por meio de um e-commerce próprio ou de marketplaces especializados.

Por fim, o resultado dessas mudanças é o aumento natural da competição, sobretudo se considerarmos também a possibilidade de novos entrantes no mercado, que parecia bem estabelecido em um momento anterior.

## 4. Inovação

Este quarto pilar se refere ao processo pelo qual novas iniciativas passam pelas fases de desenvolvimento e testes até o efetivo lançamento de um produto ou serviço no mercado.

Já falamos sobre inovação, mas vamos retomar alguns conceitos importantes: o segredo para lançar algo inovador é não focar no produto que a organização oferece, mas no problema que ela resolve. A inovação acontece quando você procura novas maneiras de resolver esse mesmo problema.

Tente encarar desta forma: as pessoas não querem uma furadeira, elas precisam é de um furo na parede. O produto, portanto, é apenas um meio, e não fim. Ainda nesse cenário, será que é possível fazer o furo na parede de uma maneira inovadora? A fita 3M é um excelente exemplo disso. Se olharmos com mais atenção e profundidade, veremos que, afinal, o problema não era o furo na parede, e sim pendurar um quadro nela.

Utilizar uma fita reforçada o suficiente para segurar um quadro na parede é a evolução da resolução de um problema. Historicamente, a inovação sempre foi gerenciada com bastante foco no resultado final e isso acabava resultando em uma infinidade de criações e produtos sem propósito e sem um público-alvo claro e definido. Assim, perdia-se muito tempo na criação e produção para descobrir durante a fase de testes que o produto não tinha qualquer relevância ou interesse.

Desde que as startups surgiram no mercado, o objetivo inicial delas sempre foi a resolução de problemas, o que faz com que as iniciativas de inovação feitas por elas sejam muito mais bem executadas do que por grandes empresas tradicionais. Além disso, elas se baseiam no aprendizado contínuo por meio do processo de experimentação rápida e seus MVPs (*minimum viable product*) ou produto minimamente viável, sobre os quais falei no capítulo 2. Isso acelera o teste de ideias e aumenta as possibilidades de inovação e disrupção.

Essa abordagem faz com que produtos e serviços sejam validados por meio de repetições constantes e de uma maneira que economiza tempo e dinheiro, além de promover melhorias no aprendizado organizacional enquanto entregam o que realmente importa: a resolução do problema.

Esse é o conceito de abordagem moderna de inovação, o quarto pilar da transformação digital que você não deve ignorar.

## 5. Valor

Ainda que pareça óbvio, muitas pessoas têm dificuldade de entender o que é uma proposta de valor. E, considerando que este é um dos pilares estratégicos para que você consiga promover a transformação digital em sua organização, é imprescindível que você saiba o que e quanto ele significa.

Valor é o que uma empresa ou marca entrega para o seu cliente. O que você deve se perguntar é: o que ele ganha ao comprar o seu produto? É tão simples quanto isso.

Antigamente, muitas organizações tinham propostas de valor imutáveis. Isso quer dizer que os produtos poderiam até ganhar uma embalagem nova, uma nova fórmula ou forma de fabricação e até uma nova campanha de marketing, mas a proposta básica de valor era constante e definida pelo setor de atividade da organização.

Vamos usar a Bombril como exemplo: a propaganda mudou, a embalagem mudou, a empresa mudou, mas a proposta de valor se mantém: limpar louças com esponjas de aço. Assim, tradicionalmente, uma organização de sucesso tinha uma proposta clara e objetiva e a diferenciação no mercado se dava por meio de preços mais competitivos ou pela maior quantidade de produto na embalagem.

Na era digital, acreditar em uma proposta de valor que não muda pode ser um erro grave, uma vez que a organização poderá entregar vantagens competitivas para os concorrentes, quem sabe até com propostas de valor mais inovadoras. Assim, hoje, a proposta de valor não pode mais ser imutável porque lidamos com frequência com o conceito de disrupção sobre o qual falei no capítulo 3.

Se uma empresa cria uma disrupção que muda por completo os nossos hábitos de consumo em relação a determinado produto, insistir nas propostas de valor imutáveis é optar por se manter estagnado dentro de todo um setor que pode estar em movimento.

Um exemplo interessante nesse sentido é o da gigante Amazon. Durante anos, a proposta de valor da Amazon era muito clara: ser a maior livraria digital do mundo. Seus clientes encontravam qualquer livro a um clique de distância, sem a necessidade de se deslocar até uma livraria física. Ela dominou com maestria o processo de gerenciar, armazenar e entregar milhares de títulos na porta das casas de seus clientes, garantindo a comodidade e a praticidade que eles queriam.

Com o passar dos anos, o mercado foi mudando, e uma boa parte dos livros passou a ser consumida por meios digitais, então a Amazon passou a oferecer, além dos próprios livros digitais, a tecnologia para consumir tais livros: o seu famoso dispositivo Kindle. Com o tempo, a sua grande expertise em vendas on-line, armazenamento e distribuição fez com que a empresa buscasse outra proposta de valor, que ampliaria o negócio e traria maior percepção desse valor no cliente.

A Amazon passa, então, a ser a líder em vendas on-line não apenas de livros mas também de uma larga opção de itens, como produtos de higiene, alimentos, eletrônicos, artigos para casa, decoração e vestuário. Sua proposta de valor não está somente em sua base gigante de produtos disponível a um clique de distância mas também em dois outros aspectos importantes para o cliente: o preço mais baixo do que a concorrência (sobretudo quando comparado às lojas físicas) e entrega rápida (muitas vezes em até dois dias). A comodidade e a velocidade, aliadas ao preço competitivo e ao excelente atendimento, respondem exatamente às necessidades atuais da sociedade, de uma perspectiva evolucional dos nossos hábitos de consumo. E por ser uma empresa com foco total no cliente, ou como citamos anteriormente, *customer obsessed*, a Amazon avalia sempre os hábitos e características deles com o objetivo de entregar o real valor que ele busca.

Sim, caro leitor, a única maneira de atuar com mais segurança no contexto da nova economia em que tudo está em constante mutação é escolher o caminho da evolução contínua, aplicando a transformação digital com a intenção de trazer maior valor agregado para o cliente.

## 6. Tecnologia

O sexto e último pilar que trago aqui não é um domínio estratégico de acordo com David L. Rogers; no entanto, considero que esse seja um aspecto fundamental para a transformação digital e agora vou explicar por quê.

Ao passo que a tecnologia é o *meio* da transformação, e não a transformação em si, sem a tecnologia (ou o uso efetivo dela) não conseguiríamos alcançar todos os objetivos sobre os quais já falamos, nem mesmo os pilares estratégicos sobre os quais discutimos agora.

Se você não tiver como coletar os dados de seus clientes de maneira tecnológica, se não tiver um canal claro de comunicação com ele, ou se não buscar alternativas tecnológicas, por exemplo, trabalhar com uma plataforma de e-commerce para vender ou revender os seus produtos, você continuará a fazer negócios como se fazia antes da revolução digital e continuará parado no tempo.

Acredito que a partir de agora a tecnologia precisa entrar como um dos pilares estratégicos para a transformação digital, ainda que ela sozinha não seja responsável por toda a transformação. Pois, sem ela, você não encontrará meios de escalar e otimizar atividades em sua organização.

A Easy Taxi, por exemplo, é uma startup brasileira que foi fundada por Tallis Gomes. Quando Tallis criou o aplicativo de transporte, menos de 5% da população tinha acesso aos smartphones.[18] Então, como ele começou a testar a ideia de inovação?

O protótipo (ou MVP) começou a ser testado por meio de um formulário. Se você quisesse solicitar um táxi, era preciso preencher seu nome, ponto de partida e de chegada, o horário estimado e a cor da roupa que você estaria usando. Ele, então, pegava o telefone, ligava para uma cooperativa de táxi próxima e fazia a solicitação de carro por você, passando as informações que foram preenchidas nesse simples formulário.

Em um primeiro momento, ao analisarmos esse cenário, podemos dizer que ele validou a ideia de inovação usando o mínimo de tecnologia. Mas, sem ela, ele jamais teria conseguido escalar a demanda e transformar a empresa no case de sucesso que veio em seguida.

Considerar a tecnologia como pilar estratégico é fundamental, porque é ela que permite a criação de novos produtos e inovações de uma maneira muito rápida. Também é ela que permite que os conceitos sejam testados e validados com a mesma rapidez.

Sem a tecnologia, dificilmente você conseguirá fazer com que todos os demais pilares e objetivos tenham uma evolução em potencial.

**18** RIBEIRO, D. No lucro #3: fundador da Easy Taxi ensina o passo a passo para construir um negócio. **CNN Brasil,** 21 abr. 2022. Disponível em: https://www.cnnbrasil.com.br/nacional/da-ideia-ao-sucesso-fundador-da-easy-taxi-ensina-o-passo-a-passo-para-construir-um-negocio/#:~:text=O%20entrevistado%20desta%20semana%20do,popula%C3%A7%C3%A3o%20tinha%20acesso%20aos%20smartphones. Acesso em: 25 jun. 2023.

**A inovação acontece quando você procura novas maneiras de resolver o mesmo problema.**

CAPÍTULO 7

# MATURIDADE DIGITAL E A EVOLUÇÃO COMO MEIO

Ao longo de todo este livro, reforcei diversas vezes a importância de estarmos abertos para o processo evolutivo e para evitarmos a resistência natural às novas mudanças.

Mais do que isso, salientei também quão importante é estarmos atentos ao novo e ao que está por vir. Pensando nisso, se a transformação digital é o passo que você precisa dar agora para começar a acompanhar a última revolução que tivemos, qual será, então, o passo seguinte, quando você já estiver se acostumando a ela?

Alguns falam em **maturidade digital**, e o termo tem relação com um estágio avançado de conhecimento e implementação que algumas empresas já têm por terem alcançado um nível elevado de integração de tecnologias e práticas digitais.

Assim, reforço aqui que transformar uma empresa de maneira digital é muito mais sobre as mudanças culturais e organizacionais que você pode promover do que sobre a simples implementação de novas tecnologias – especialmente se estas não tiverem um propósito adequado com base nos objetivos e nos pilares estratégicos.

O amadurecimento é um processo contínuo que progride a partir de experiências e situações desafiadoras e que exigem o nosso crescimento. Portanto, a reflexão que quero trazer aqui é sobre o amadurecimento nas práticas digitais que você já conseguiu implementar na cultura organizacional da sua empresa. O que pode melhorar a partir de agora?

Se a maturidade digital é o que tornará as práticas digitais algo natural e orgânico dentro da sua organização, a aceleração digital pode ser a resposta para impulsionar ainda mais o seu negócio e as possibilidades de disrupção.

## ACELERAÇÃO DIGITAL

Diferentemente da transformação digital, em que a tecnologia é apenas o meio para que ela aconteça, na aceleração digital podemos dizer que a tecnologia é o foco principal. Sobretudo quando pensada como estratégia de negócios para guiar o futuro de uma empresa ou organização.

Ou seja, a intenção por trás da aceleração digital é, basicamente, digitalizar os processos para recriar ou redefinir modelos de trabalho. E aqui não estamos mais falando apenas sobre melhorar o atendimento ao cliente por meio da tecnologia, por exemplo, uma vez que esse passo já foi dado. A ideia é aprimorar ainda mais o uso das ferramentas que você já utiliza ou implementar novas outras mais atuais para acelerar os processos de trabalho e melhorar a experiência do consumidor.

A aceleração digital vai significar que a sua empresa vai incorporar continuamente novas tecnologias e desenvolver novos procedimentos e processos com o intuito de otimizar as funções de cada etapa.

Por exemplo, se em um primeiro momento (durante a transformação digital) o seu atendimento ao cliente era feito por meio de um chatbot desenvolvido a partir respostas prontas e predefinidas, talvez a aceleração seja você conseguir adotar um algoritmo mais moderno e mais eficiente que consiga aprender com as próprias respostas dos clientes e progredir para um modelo de atendimento mais evoluído. Ou seja, deixar para trás o modelo de respostas prontas e passar a utilizar a tecnologia baseada em inteligência artificial.

Se há alguns anos essa realidade parecia distante, saiba que ela está cada vez mais próxima do seu dia a dia. A evolução natural da tecnologia é o que fará com que você alcance o ritmo da aceleração tecnológica.

Automação de processos, visualização de dados e inteligência artificial são processos digitais que você deve tentar adotar durante a transformação digital. Agora, continuar a evoluir com cada um desses processos é o que chamamos de aceleração digital.

**LEMBRE-SE: A TRANSFORMAÇÃO É UMA MUDANÇA DRÁSTICA, UMA QUEBRA DE PARADIGMA. A ACELERAÇÃO É UM PROCESSO CONTÍNUO.**

Então, se hoje, por exemplo, você utiliza uma nova tecnologia em nuvem para armazenar arquivos e dados, deve estar atento para as evoluções dessa tecnologia em vez de esperar cinco anos para procurar uma versão atualizada da mesma solução. Quanto mais tempo você esperar para se atualizar, mais ultrapassado corre o risco de estar.

Podemos até traçar aqui um paralelo com a desvalorização dos carros. Se você tem um carro 2021 e decide vender para comprar um carro 2022, provavelmente a diferença de valor não será tão discrepante. Agora, se você tem um carro de 2021 e decide que só vai trocá-lo daqui a dez anos, é bem provável que encontre uma grande dificuldade para vendê-lo, além de se deparar com uma diferença gigante de valores.

Depois de passar pela transformação digital, é essencial voltar seu mindset para a aceleração. Assim, futuramente, você não se verá estagnado de novo e precisando retomar todo o processo de adaptação de uma nova transformação.

Se continuamente você adotar o que há de mais novo, você estará sempre à frente de seu concorrente ou, pelo menos, disputando um espaço de igual para igual. Lembre-se de que as tomadas de decisão refletem em como o seu cliente perceberá a sua organização, e isso pode ser decisivo para se manter no jogo.

Aproveito para chamar a sua atenção para a influência que isso tem na sua vida pessoal. Com que frequência você troca de telefone, por exemplo? Se você é como eu e uma de suas principais ferramentas de trabalho é o seu próprio smartphone, pensar em manter essa ferramenta o mais atualizada possível nada tem a ver com ser consumista ou querer estar "na última moda".

E se o celular não é sua ferramenta de trabalho, você consegue pensar agora em algo que utiliza todos os dias e que poderia ser otimizado pela aceleração digital? E a ferramenta de seus colaboradores?

Quando a pandemia de covid-19 se instalou com velocidade, quem já estava praticando a aceleração digital não precisou entrar em modo de sobrevivência. Além dela, a maturidade digital foi um fator determinante para que algumas organizações continuassem prosperando enquanto outras se defrontavam com a adaptabilidade.

Quem, em março de 2020, só trabalhava com desktop em um escritório físico, não usava notebook e não fazia ideia de como trabalhar em um modelo remoto precisou fazer uma mudança drástica, sendo que, se o mínimo de transformação digital já estivesse em processo, essa adaptação poderia ter corrido de uma maneira menos extrema durante um período que já estava sendo desafiador por diversos outros motivos.

## EVOLUÇÃO TECNOLÓGICA COMO MEIO

Fazer com que você compreenda que a evolução tecnológica é um meio, e não um capricho ou *status*, é uma das minhas maiores intenções com este livro.

Quando você estiver pensando em evoluir tecnologicamente ou em adotar uma nova ferramenta, quero que procure olhar para isso não porque surgiu uma oportunidade de utilizar uma tecnologia de "última geração", mas porque, de fato, ela tem algum propósito dentro da sua organização ou da sua vida pessoal.

Para isso, aproveite o capítulo 6 como um guia para orientar suas decisões. Essa nova tecnologia cumpre algum dos **4 objetivos da transformação**? É sustentada pelos **6 pilares estratégicos**?

É verdade que a aceleração digital é o que vai impulsionar o seu negócio dentro da nova economia, mas isso não quer dizer que, para isso, você precisa ir atrás de adotar toda e qualquer nova tecnologia. As ferramentas digitais e as novidades tecnológicas devem ser aplicáveis ao seu modelo de negócio.

Se você está agora na jornada de transformação, saiba que esse é um processo complexo e demorado. Você só deve buscar a aceleração quando tiver certeza de que alcançou a maturidade digital e que os processos estão correndo de maneira organizada e fluida em sua empresa ou organização.

A evolução tecnológica é um meio para alcançar um objetivo: que é transformar e entregar a melhor experiência para o cliente. Pensar nisso ajudará você a tomar decisões corretas, a dar passos estratégicos e evitar atitudes mal avaliadas e apressadas.

Lembre-se do seu verdadeiro propósito por trás de cada decisão: resolver a dor do seu cliente de maneira inovadora enquanto entrega mais valor e a melhor experiência para ele.

## KUMULUS E MICROSOFT

Talvez você tenha se perguntado por quais motivos resolvi escrever este livro. Bom, quero começar dizendo que eu sou um *millennial* e que a Kumulus, empresa que fundei em 2017, é uma nativa digital. Ela é uma empresa de serviços, e adivinha o que eu ofereço para os meus clientes? Exatamente: apoio para o processo de transformação digital. Isso me permitiu ter uma expertise gigante ao acompanhar os processos de transformação de muitas empresas e negócios.

Na Kumulus, ajudamos organizações de diversos tamanhos e setores a ganhar agilidade para se tornarem ainda mais relevantes e competitivas em um mercado que não para de se transformar. E, para isso, sempre aplico os conceitos que trouxe neste livro para conseguir ter uma visão crítica mais apurada para o que cada uma delas precisa.

Você pode saber mais sobre nós e sobre os serviços que oferecemos acessando o nosso site porque, neste momento, não quero vender nenhum serviço para você. Quero compartilhar sobre como nós também precisamos nos transformar e aplicar todos esses conceitos que eu trouxe até você.

Quando deixamos de ser uma empresa pequena e nos tornamos uma empresa de médio porte, por exemplo, notamos que esse amadurecimento exigia a adoção de um sistema de gestão corporativa mais robusto. Nele, todos os processos de faturamento, pagamentos, reembolso de despesas, solicitação de férias, aprovação de documentos e diversas outras atividades triviais de uma empresa foram informatizados. Fazemos tudo isso por meio de uma plataforma e essa ferramenta otimiza demais algumas burocracias, permitindo-nos ter mais tempo para o que realmente importa: criar soluções para as dores dos clientes.

Justamente por sermos uma nativa digital e termos a visão estratégica de aceleração digital, tivemos uma boa adaptabilidade para seguir em nossa atividade quando se iniciou a pandemia de covid-19. Todos os colaboradores já utilizavam notebook e estávamos bem-acostumados com o conceito de trabalho remoto e trabalho híbrido.

No decorrer do tempo, é claro, mudanças aconteceram e acontecem, principalmente na maneira como passamos a atender nossos clientes e nas possibilidades de serviços que ofertamos a ele. Ainda assim, posso dizer que, de certa forma, nossa transformação não foi tão complexa, mas que esse processo nem sempre foi tão simples ao longo da minha trajetória.

Quando comecei a trabalhar na Microsoft, o presidente da empresa era Steve Ballmer, o cara que assumiu o papel de CEO com a saída do Bill Gates. Em minha passagem por lá, notei que, durante a gestão dele, a Microsoft tomou algumas decisões que não foram exatamente focadas no cliente ou no produto.

Um exemplo disso foi o Microsoft Zune. O que era isso? Se você nem chegou a ouvir falar dele, saiba que o Zune era um MP3 player desenvolvido para concorrer com o iPod – da Apple –, que dominava completamente o mercado naquela época. Sendo a Apple a maior concorrente da Microsoft, era natural que tentássemos elaborar algo para competir com a marca e não ficar para trás, mas o erro se deu exatamente na criação.

O foco do desenvolvimento desse produto nunca esteve na resolução de uma dor ou problema do cliente, e sim na concorrência. E é exatamente aí que mora o problema. Veja que o Zune não era um produto ruim ou de baixa qualidade. Na verdade, quem tinha o Zune o havia comprado por causa da interface e da qualidade no áudio; talvez ele até fosse melhor que o iPod, mas isso não mudou a percepção das pessoas de que o Zune não era tão bom, simplesmente porque ele surgiu em um mercado que estava dominado por outra marca que tinha criado, até então, a disrupção na maneira de ouvir música.

Não havia nada de inovador, não havia marketing suficiente e não houve nenhuma tentativa de entregar algo que, quem sabe, o iPod não estivesse entregando. Sem isso, não havia diferencial de valor e nada que tornasse o produto único e potente o suficiente para desbancar a concorrência.

O iPod, por fim, virou o iPhone e a mesma coisa aconteceu com diversas indústrias. O próprio smartphone da Microsoft também foi um fracasso. A empresa comprou a Nokia para lançar o Windows Phone. E, mais uma vez, a intenção não era entregar um produto diferente ou algo inovador: era competir com a Apple, sua maior rival. De novo, a percepção do cliente não mudou e o iPhone sempre se manteve superior.

Então, claramente é possível percebermos que a gestão da Microsoft, por um bom tempo, foi uma gestão que desconsiderou os aspectos vitais para o processo de transformação digital. Vale reforçar que não faltava capacidade tecnológica na empresa para entregar algo novo e diferente para o cliente. O que faltava era a motivação certa. Inovar, e não apenas tentar competir com a concorrência.

Ali, o que faltava era uma mudança de mentalidade e de foco. Tirar o olhar da concorrência e colocá-lo no cliente, no produto, na inovação e na qualidade. Lembra que falamos que a transformação digital é, sobretudo, uma transformação cultural? Foi isso que aconteceu quando Satya Nadella, presidente da Microsoft até a publicação deste livro, assumiu em 2014.

Ele decidiu mudar a cultura da empresa e migrou o mindset que antes era voltado para vendas para o mindset focado no cliente. Foi um renascimento cultural dentro da empresa. No lugar de pessoas que achavam que sabiam de tudo, ele optou por colaboradores que estavam dispostos a aprender, a questionar e a tentar compreender o que o mercado queria de fato.

E o que os clientes queriam, então? É interessante porque, por mais que a Apple tenha liderado uma grande revolução dos computadores lá atrás, até hoje a maioria de nós utiliza computadores com o sistema Windows. Hoje, mesmo quem usa macOS costuma ser totalmente adepto do Windows. Como em tempos de avanço tecnológico as velocidades são constantes e não há tempo para cochilar, o que Satya fez?

Em um de seus primeiros discursos durante um encontro anual de marketing da Microsoft, ele tirou do bolso um iPhone e disse: "Olhem, este é o meu celular". Parecia completamente contraditório que o presidente da Microsoft tivesse um iPhone, mas ele fez isso de propósito para criar um impacto e um desconforto nas pessoas.

Com isso, em seguida, anunciou que o novo iPhone enfim tinha todos os softwares e aplicativos da Microsoft integrados. E era exatamente isso o que os clientes queriam. Afinal, embora a Apple fosse a concorrente, na verdade, havia ali uma oportunidade gigante de resolver a dor dos clientes: abrir os produtos da Microsoft dentro de um produto da Apple, o iPhone.

Eu, como usuário de smartphones, talvez não queira ter um Windows Phone, mas com certeza gostaria de usar o Outlook ou o Excel no meu iPhone. Isso é foco no cliente! Entregar o que ele realmente busca.

Essa mudança transformacional e cultural foi o que fez a Microsoft mudar por completo o viés de buscar fazer o que a concorrência estava fazendo para o modelo de "fazer o que o cliente procura". Isso é interessante porque podemos passar a enxergar nossos concorrentes apenas como concorrentes, e não como inimigos, e, quem sabe assim, abrir o leque de oportunidades de negócios.

Em seu livro *Aperte o F5*,[19] Satya complementa toda essa visão de um jeito muito interessante ao dizer que o papel das megacorporações em uma sociedade cada vez mais integrada – como é a sociedade contemporânea – é justamente entregar um crescimento para todas as pessoas, um crescimento econômico. Não é sobre dominação porque não adianta ter o maior faturamento se esse faturamento não for para todos. Quanto maior a concentração econômica, pior para o mercado e para o mundo.

E o resultado da Microsoft nos últimos anos, uma empresa com receita de quase 200 bilhões de dólares e crescimento médio de 15% por ano,[20] prova como essa mudança cultural foi importante para manter a relevância da gigante da tecnologia.

Assim, finalizo com esta reflexão: se até uma empresa como a Microsoft precisa inovar em sua cultura interna, por que empresas menores ainda abrem mão de olhar para o futuro e aceitar as novas mudanças?

A transformação digital é o caminho para o futuro.

---

**19** NADELLA, S. **Aperte o F5:** a transformação da Microsoft e a busca de um futuro melhor para todos. São Paulo: Benvirá, 2018.

**20** MICROSOFT. Disponível em: https://www.microsoft.com/investor/reports/ar22/index.html. Acesso em: 25 jun. 2023.

**A evolução tecnológica é um meio para alcançar um objetivo: que é transformar e entregar a melhor experiência para o cliente.**

# DESMISTIFICAR O QUE É A TRANSFORMAÇÃO DIGITAL

Caro leitor, obrigado por chegar até aqui! Espero que a leitura deste livro tenha ajudado você a desmistificar o que é a transformação digital e que tenha auxiliado um pouco no seu medo de mudanças. Espero que a partir destas páginas você tenha compreendido que a evolução da sociedade é algo que nunca acaba.

Nós sempre estaremos sujeitos a viver momentos que impulsionarão mudanças drásticas em nossos hábitos e rotinas, e aceitar que esse processo não pode ser impedido por nós, mas pode ser mais bem aproveitado, certamente facilita o nosso processo de adaptação e crescimento.

Do ponto de vista da tecnologia, a tendência é sempre evoluir. Hoje, fala-se em células-tronco, supercomputadores, computação quântica, metaverso e tantas outras novidades que há menos de duas décadas sequer existiam. Qual é o limite disso? A gente não sabe.

Alguns dizem que o ser humano aproveita a capacidade de apenas 10% do uso efetivo do cérebro, e ainda que, segundo algumas pesquisas, isso não seja exatamente verdade,[21] quando olho para a história da humanidade e para todo o nosso processo evolutivo, fico sempre muito curioso e intrigado com o que virá pela frente.

Há vinte, trinta e quarenta anos, o mundo era absolutamente diferente do que é hoje. Por isso, tenho certeza de que daqui vinte, trinta e quarenta anos evoluções inimagináveis virão.

---

**21** SERÁ que utilizamos apenas 10% de nosso cérebro? **G1**. Disponível em: https://g1.globo.com/ciencia-e-saude/noticia/2013/06/sera-que-utilizamos-apenas-10-de-nosso-cerebro.html. Acesso em: 25 jun. 2023.

A reflexão que eu quero que você leve com você a partir desta leitura é: você está preparado para se adaptar aos novos costumes, novas rotinas e novos hábitos? Isso é determinante para que você viva da melhor maneira possível esta nova época.

Somos seres adaptáveis, é verdade, mas quero que você perceba que o que você precisa fazer a partir de agora é uma escolha: se abrir, se adaptar e continuar relevante ou não se permitir e permanecer estagnado.

Isso pode até parecer irrelevante do ponto de vista da nossa vida pessoal. Outro dia, por exemplo, precisei pegar um táxi com um senhor de mais idade e ele não tinha WhatsApp. Assim, para saber onde me encontrar, ele me ligou e levamos algum tempo trocando referências até nos localizarmos. Se ele estivesse adaptado à transformação digital, eu poderia simplesmente ter compartilhado minha localização com ele. Isso foi um problema? Claro que não. Ele optou por não se adaptar e segue vivendo.

No entanto, quando falamos do ponto de vista empresarial ou de uma organização, não se adaptar significa, muitas vezes, declarar a morte da empresa. Se você ainda não acredita em mim, basta analisar a linha do tempo e as empresas que não se adaptaram e quebraram, como foi o caso da Blockbuster, da Kodak, da Blackberry e de tantas outras que desperdiçaram oportunidades digitais e que eu poderia citar aqui.

Minha intenção com este livro não é exatamente trazer respostas, mas deixar provocações para que você faça as reflexões necessárias para mudar. Você está disposto – como pessoa e como gestor – a tomar decisões difíceis que podem afetar o seu curto prazo em troca de resultados a longo prazo?

Faça uma autocrítica e análise e descubra qual é o seu perfil hoje. Você é um **inconformado**, **vanguardista**, ***early adopter*** ou espera o **senso comum**? Talvez você não precise ser, de imediato, o inconformado que busca sempre as novas possibilidades de solução. Mas e se puder, no mínimo, estar entre os primeiros que adotam e testam uma inovação ou mudança? Isso certamente garantirá que você se mantenha relevante.

Por último, o ponto mais importante: lembre-se de que a **transformação digital** é mais sobre **transformação** do que sobre digital. O **digital** (a tecnologia) é apenas o meio pelo qual você fará parte da evolução. Transformar-se tem mais relação com os aspectos culturais – inevitáveis – e com a quebra de paradigmas do que simplesmente com a implementação de novas tecnologias sem propósito.

A partir de hoje, comece a desafiar o *statu quo* da sua organização porque a frase "em time que está ganhando não se mexe" não é verdadeira. Muitas vezes, quando o outro time substitui um jogador é quando você começa a tomar gols. Seus concorrentes estão, a todo o momento, buscando renovação. Além deles, empresas emergentes buscam incansavelmente por soluções inovadoras para os problemas que você resolve hoje, e, a qualquer momento, podem criar uma disrupção.

Permita-se aceitar a transformação!

E, quem sabe, você pode sair na frente deles.

# RECO MENDA ÇÕES DE LEITURA

Recomendo fortemente que os leitores deste livro continuem explorando o futuro das empresas e as tendências e desafios em constante evolução que as empresas enfrentarão. A leitura dos livros que sugiro a seguir pode ajudar a expandir o conhecimento sobre o assunto e fornecer novas ideias e estratégias para enfrentar os desafios e aproveitar as oportunidades do futuro.

Lembre-se: as empresas do futuro serão aquelas que conseguirem equilibrar a inovação e a tecnologia com a sustentabilidade e a responsabilidade social. As que conseguirem atender às demandas dos consumidores por soluções inovadoras e sustentáveis terão uma vantagem significativa em relação aos concorrentes.

### *O dilema da inovação*, de Clayton Christensen

É um clássico da inovação empresarial e explora por que as empresas bem-sucedidas muitas vezes lutam para inovar e como as empresas menores podem superá-las.

### *A startup enxuta*, de Eric Ries

Apresenta a metodologia *lean startup*, que se concentra em testar e validar ideias de negócios rapidamente para maximizar o sucesso da empresa.

### *A estratégia do oceano azul*, de W. Chan Kim e Renée Mauborgne

Explora como as empresas podem criar novos mercados inexplorados em vez de competir em mercados saturados.

### *O fim da vantagem competitiva*, de Rita Gunther McGrath

Argumenta que a vantagem competitiva é cada vez mais difícil de manter e que as empresas precisam ser mais ágeis e adaptáveis para sobreviver em um ambiente de negócios em constante mudança.

### *Organizações exponenciais*, de Salim Ismail

Explora como as empresas podem se beneficiar das tecnologias exponenciais, como a inteligência artificial, a robótica e a biotecnologia, para transformar suas operações e alcançar o sucesso no futuro.

Este livro foi impresso em papel pólen bold 70g pela Bartira em setembro de 2023.